最美的关系 Ⅱ

说 给
爸爸妈妈的心里话

仪修文 著

济南出版社

图书在版编目(CIP)数据

说给爸爸妈妈的心里话 / 仪修文著. —济南：济南出版社,2013.6（2014.1重印）

（最美的关系：2）

ISBN 978-7-5488-0905-0

Ⅰ.①说… Ⅱ.①仪… Ⅲ.①亲子关系－家庭教育 Ⅳ.①G78

中国版本图书馆CIP数据核字(2013)第141825号

出版发行	济南出版社
地　　址	济南市二环南路1号（250002）
网　　址	www.jnpub.com
印　　刷	济南华林彩印有限公司
版　　次	2013年6月第1版
印　　次	2014年1月第2次印刷
开　　本	787×1092　1/16
印　　张	11.75
字　　数	185千
定　　价	29.80元

法律维权　0531-82600329

（济南版图书，如有印装错误，可随时调换）

沟通，从倾听开始

我不止一次从报刊上看到这样的观点：从孩子出生的那一天起，父母就是他模仿的对象，父母的言行和教育方式会对孩子产生十分重要的影响。20年的教学经历也让我发现，许多初中学生之所以出现这样那样让家长们倍感头疼却无可奈何的问题，的确与其家长不当的沟通方式和欠缺的引导方法有很大的关系。

为了进一步验证这一观点和认识，我在城乡不同层次的十几所学校的初中学生中专门进行了问卷调查。为了保证调查内容真实有效，更为了保护学生的隐私，我采用匿名方式，让学生能够实话实说。

发出调查问卷1000份，收回有效问卷820份。好多学生简单地叙述了爸爸妈妈感动过自己的瞬间故事。但是，出人意料的是，大约86%的学生都真实地回忆了自己与父母曾经产生过的矛盾和冲突。而这些本应该很容易就能避免的矛盾和冲突，只是因为父母与子女的沟通不当而产生了让人匪夷所思的后果。这也进一步说明：并非所有的父母都真正了解自己的孩子，很多父母缺少与孩子及时、有效的思想交流和沟通。

我归纳了一下，学生所反映的矛盾和冲突，主要表现在以下几个方面：

得不到父母应有的尊重。虽然只有十二三岁的年纪，但他们心理上感觉自己已经"长大了"，应该有属于自己的空间和秘密，应该独立自主地做决定。而很多父母却大事小事均要包办和干涉，并且采取一些非常不恰当的方式和方法来窥探孩子的隐私，以至于让孩子觉得没有得到应有的尊重和信任，生活中没有任何主动权，没有自由发挥的空间，因此感到压抑，并为此倍感苦恼。

父母给予的学习压力太大。有的父母过于注重孩子的学习成绩，给孩子带来很大的心理压力，有的父母为了提高成绩，不管孩子是不是需要，就自作主张给孩子报名参加各种各样的学习班，孩子失去了自由活动的时间，疲惫地奔波于各个学习场所，根本就没有空余的时间休息和锻炼，周末在他们眼里简直失去了意义和乐趣。因为过于重视学习成绩，一旦孩子达不到理想的目标，有的父母就采取不当的惩罚方式,让孩子感到伤心和无奈。甚至因为学习成绩不好,孩子在家里都不敢开心地笑。

不认同父母的教育方式。有的父母自身冷漠、自私,存在攀比等不良行为,潜移默化地影响着孩子的行为习惯和思维方式。有的因为家庭的解体,离异双方互相推诿、不负责任,造成孩子行为的失常和性格的孤僻。父母的言传身教非常重要,部分父母的做法既伤了孩子的自尊,也让他们丧失了学习甚至生活的信心。

可见,父母经常与孩子进行有效沟通,及时了解孩子的思想状况是很有必要,也是迫切需要的。初中阶段是孩子身心发展迅速而又不平衡的时期,成人感和半成熟状态会使他们的内心产生许多矛盾、困惑和烦恼。可能一时低沉沮丧,一时又激情满怀。这时候,父母的理解、体谅和指导就显得至关重要。卢勤在《从心灵尘暴到知心春风》一文中说过:走进孩子的心灵,不是靠怀疑、监视,而是靠沟通。与成人沟通,是今天孩子们,尤其是独生子女特殊的精神需求。

但是,现在许多家长和孩子之间的沟通,还仅仅停留在对学习成绩和生活琐事的了解上,并没有真正关注子女成长过程中可能产生的疑惑和心理问题。有人把家长的这种不触及子女内心、缺乏真正的思想交流的沟通称为"伪沟通"。久而久之,习惯于父母"伪沟通"的子女,在家庭生活中也就难以学会换位思考,难以主动理解体谅父母,与父母的交流也是敷衍了事。

那么,目前情况下应该怎样与初中孩子进行真正的沟通?已经有很多专家学者做了专业而详细的讲解。我很喜欢一句话:每个人的心里都有一片戈壁滩,而我们一生的事业就是让那里开满鲜花。作为天天和学生打交道的一线老师,我觉得自己也有责任承担起家长与学生之间沟通的桥梁的责任,所以就根据调查材料所反映出来的问题,精心撰写了这些代表不同家庭、融合了若干个学生(皆用化名)心声的故事,希望通过再现这些故事和有针对性的分析,能够引起家长们的反思、感悟和共鸣。

无论你工作多么忙,找点空闲、挤点时间读读这些故事吧,听一听孩子们说给爸爸妈妈的心里话,真正了解了孩子就容易把握孩子的思想动向,有的放矢地处理孩子生活学习中出现的问题,从而促进亲子关系的和谐,使家庭真正成为亲情的乐园,让孩子在这个乐园里健康快乐地成长。

仪修文
2013年初春

目 录

第一章　尊重是最美的表达

尊重是最美的表达/003

我的头发谁做主/004

都是钱包惹的祸/006

我的老哥老姐/008

没机会"变坏"/010

"神马"都是锻炼/012

妈妈是一朵奇葩/014

并不高明的测试/016

抗争以屈服而告终/018

家有"狼爸"/020

我不需要那么多观众/022

偷窥的后果/024

科长爸爸OUT啦/026

锁不住的日记/028

为什么错的总是我/030

给我一个空间/032

智商中的脂肪/034

第二章　早恋是悄然绽放的花

早恋是悄然绽放的花/039

要忍，不要残忍/040

原来这个过程很美/042

把青春耗在暗恋里/044

98年的老男人/046

有些花朵可能没有结果/048

爱，经得起等待/050

被逼出来的"早恋"/052

我只是一个捧场的人/054

哦，我恋爱了/056

我替祖国谢谢你/058

如有雷同，皆是"杯具"/060

找个地方埋藏忧伤/062

其实你最懂我的心/064

青苹果吃不得/066

我们只是玩伴/068

第三章 成绩不是成才的唯一砝码

成绩不是成才的唯一砝码/073

急，是要给人生减分的/074

三分之差一顿打/076

爸爸的考前综合症/078

我把自己当空气/080

永远解不开的结/082

我的名字叫"压力山大"/084

两全其美是梦幻/086

好成绩是爸爸的光环/088

我只能保持沉默/090

没有什么事儿是搞不砸的/092

"放松计划"突变之后/094

漫画引发的雷霆/096

"恶补"的青春/098

言而无信的背后/100

"小宇宙"终于爆炸啦/102

需要的才是适合的/104

第四章 榜样的力量是无穷的

榜样的力量是无穷的/109

"羊妈"的力量/110

爸爸真给力/112

献爱心也要讲智慧/114

他们一定微笑着/116

穷追不舍的爱/118

"肿么"只有一盘菜/120

幸福不打折/122

上网让我们两败俱伤/124

深夜虚惊一场/126

你是我的骄傲/128

差点没命了/130

爱与死神的战争/132

HOLD不住的生日宴/134

不能进退时,往旁边去/136

新鞋子,旧鞋子/138

耍酒疯的后果/140

戴面具的妈妈/142

爸爸的慌乱/144

第五章　单亲是解不开的小疙瘩

单亲是解不开的小疙瘩/149

苦涩的美味/150

母爱如同阳光/152

左手是爸,右手是妈/154

悲伤不是一场幻觉/156

冷战不如解体/158

我是小丑路过人间/160

我的很酷很MAN的"娘"/162

雨一直下/164

靠男人不如靠祖坟/166

向幸福的方向飞翔/168

不能做的傻事/170

因为坚持,前功尽弃/172

不要在心里留洞/174

不熟悉的存在/176

网虫妈妈醒醒吧/178

后　记/180

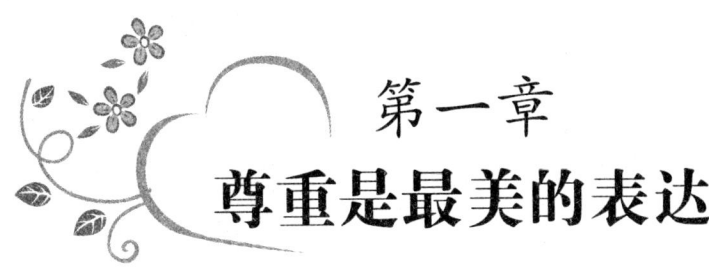

第一章
尊重是最美的表达

尊重是最美的表达

> 父母错了，或违背自己许下的诺言时，如果能向孩子说一声对不起，就可以帮助孩子建立自尊，同时能培养孩子尊重人的习惯。
>
> ——（美）罗达·邓尼

无数专家的著述一再表明：尊重是互相理解的基础，是进行良好沟通的前提，是和谐合作关系的润滑剂；尊重别人，才能赢得别人的尊重；教养是现代文明的标志，做一个有教养的人是培养孩子的目标和方向，教养源于尊重……

尽管"尊重"的作用不胜枚举，但是，仍然有很多家长认为，家是自己的栖息之地，在家里，尤其是在孩子面前可以为所欲为。

其实不然。有心理学家说过，尊严是精神的维生素，对任何人来说都万万不能缺少，家庭成员之间彼此尊重至关重要。

目前，很多初中生的家长苦恼于不知道应该怎样教育进入青春期的孩子。事实上，正视孩子心理上的"独立自主"、"社会地位平等"、"人格受到尊重"的需求，是处理好亲子矛盾的关键。如果父母把孩子当做是主动的发展者和学习者，时时处处尊重孩子的感受、个性差异、不同意见和梦想计划等，让孩子感受到来自父母的尊重、理解和信任，潜移默化中，孩子也就会学会尊重、理解和信任自己的父母。双方都以尊重为前提，沟通中就不会出现大的问题。同时，父母还能教会孩子尊重他人，逐渐成长为一个受他人尊重的人。

由于年龄和心理所限，孩子在生活中出现需要父母进行指导和说服教育的事情在所难免。这时候，父母除了要有尊重的态度和足够的耐心，还要针对实际问题讲究沟通技巧。千万别像个别家长那样，一边高举爱的大旗，一边制造爱的悲剧。

尊重是家庭的灵魂，互爱是和谐的支柱。父母一定要尊重孩子，摒弃语言和行为上的暴力，讲究沟通方法和技巧，做孩子心目中最好的父母，让孩子有尊严地健康成长。

我的头发谁做主

赵宸宇,男,14岁,摩羯座,性格内向,意志坚强,曾经以神似音乐才子周杰伦而名扬校园。最喜欢的格言:树需扎根大地,才能抗击狂风和干旱;人要脚踏实地,才可创立事业和功勋。生活感悟:你发怒1分钟,便失去60秒的幸福。

刚上初中二年级的时候,学校部分男生中开始流行一种新的发型,就是我的偶像周杰伦那样的:长长的刘海遮盖着额头,酷酷的,让人感觉帅气十足。同学们都觉得我长得极像周杰伦,尤其是班花慧子,说如果我变一变发型就会像周杰伦那样帅以后,我就决心改变自己13年如一日的小平头。

于是,我一再拒绝着妈妈的提醒和督促,远离理发店。但那段时间,妈妈每天都不厌其烦地说理发的事,看我不做解释也不行动,她似乎都有点儿不耐烦了。直到周六的晚上,妈妈不容置疑地对我说:"抓紧时间吃饭,然后带你去理发。"

我说:"我不理发,我想把头发留起来。"

妈妈不高兴地说:"一个男孩子家留什么长发?不男不女的很难看,就像是社会上那些问题少年。快跟我理发去!"

我一脸不屑地看着妈妈,忍不住说了一句:"留不留长发是人家的自由,都什么年代了,真是老土!"妈妈听我这么说竟然也生气了,叫爸爸过来教训我。一向视妻令如山的爸爸就板着脸走过来对我说:"必须去理发!头发长了会很热的。"

我斩钉截铁地说:"我不怕热!"

爸爸看我不屈不挠的样子,大概感觉自己在老婆面前有失威严,就大声说:"必须去!否则我就给你剃成光头,看你以后怎么上学。"

我也莫名其妙地大声说:"我就是不理发了,看你们能把我怎么样!"说完,我就跑到客厅看电视去了。

爸爸妈妈听完我的咆哮,肯定是目瞪口呆。他们也许根本就没有想到,这个平时还算乖巧的儿子,怎么突然间就判若两人了呢?其实他们不知道,过去,什么事情都由他们替我做主,对此我已经忍耐很久了。

那天晚上,我漫无目的地看了一会儿电视,然后又写作业到很晚才睡觉。因为第一次态度这么强硬地拒绝配合爸爸妈妈的要求,我心里也有些忐忑不安。我在想是不是自己的沟通方式不太合适,如果我心平气和地和他们说一说我的想法,或许他们很容易就会同意呢。我决定第二天再找他们商量商量,告诉他们我已经长大了,对自己的头发也应该能够自己做主了。

第二天早上醒来后,我不由自主地摸我的头发,但是感觉很不对劲儿。赶紧起床照镜子,我的天!我的刘海儿竟然被齐刷刷地剪掉了!我几乎是冲到爸爸妈妈的房间,质问他们为什么这样做。出乎意料的是,他们竟然都不承认!

我气愤至极,看着镜子里丑陋无比的自己,一拳就把镜子打破了。霎时,我的手鲜血直流,镜子里的我也支离破碎,我感觉自己的心也被击碎了。

爸爸妈妈吓坏了,急忙把我送到医院。医生仔细地把我手上的碎玻璃剔除,然后细心地进行包扎。忍受着钻心的疼痛,我的眼泪止不住地流。我竟然有这样粗暴、武断的父母,他们太不尊重我了!

爸爸妈妈一边心疼地看着我包扎伤口,一边不断地向我道歉,说是他们趁我熟睡的时候,把我的刘海儿剪掉了;说是想用这个办法逼我去理发。

痛苦的心理挣扎以后,看着父母憔悴的脸,我原谅了他们,毕竟他们是这个世界上最爱我的人。而且过不了多久我的头发还会再长出来。但这件事情给我留下了刻骨铭心的印记。如果我采取恰当的方式和父母沟通,即使是他们不同意我改变发型,最起码也不至于发生偷剪头发的事情。

如果人生可以像头发,剪短了还会重新生长,这世上就会少很多的怨恨和不如意。想想东营那位初二女生,为了抗拒剪发而跳楼轻生,是多么傻,又多么可惜!有什么比生命还重要呢?无论是家长还是孩子,遇到事情,一定要三思而后行。

话外音:成长

所谓长大,就是学会把原本看重的外在的东西逐渐看轻。初中生正处于自我意识发展的第二个飞跃期,会特别关注自己的身体形象,所以很在乎自己的发型也属于情理之中。因为代沟的存在,父母与孩子在发型等问题上意见出现分歧在所难免,这时候父母要做的除了在坚持原则的前提下理解、尊重孩子的选择以外,还要有耐心地引导他们,让我们尝试着抛弃家长自以为是的权威吧!

都是钱包惹的祸

李若荷,女,14岁,天秤座,善良温和,有同情心,性格比较外向,但有时也会多愁善感,人缘好,口才不错。人生格言:你对别人要求松一点,就不会总失望;你对自己要求严一点,就不会总沮丧。生活感悟:为别人鼓掌的人也是在给自己的生命加油。

记忆中妈妈从来不用钱包,她喜欢把钱卷成一小卷儿,然后放进自己的贴身衣兜里,似乎感觉这样最安全。

有一天,妈妈逛街去了。不知道爸爸哪来的兴趣,忽然送给我一个漂亮的钱包。钱包是真皮的,虽然是大红颜色的,但是小巧有形很漂亮,看起来很雅致,比较适合文静又热情的我。

大概妈妈不喜欢用它,爸爸才送给我的吧,我想。于是没有再问爸爸为什么会送给我一个钱包,就自顾自地欣赏了大半天,并且把自己的零用钱分类装在了钱包里。

爸爸晚上有应酬,只有我和妈妈吃晚饭。吃完饭后,我自觉地帮助妈妈洗了碗筷,爸爸那么主动地送我礼物,我更应该好好表现吧。再说,做家务并不是妈妈的专利,我也是有义务的一员。

洗刷完毕后,妈妈兴致勃勃地给我展示她刚买的准备参加高中同学聚会的新裙子。我正兴高采烈地欣赏呢,没有想到妈妈好像突然想起了什么,问我:"我放在饭桌上的100元钱你拿起来了?"

"100元钱?我没有看见啊!"我看着妈妈。

妈妈竟然用怀疑的眼光看着我,说:"真的?"

"当然是真的啦!"我知道妈妈很节约用钱,爸爸的零花钱都是100元、100元地从妈妈手里按时领取。我有时候挺同情爸爸的,一个大男人手里就那么一点儿零花钱,怎么在朋友圈里混啊!

"你小孩子知道什么!"妈妈每次看见我不理解的表情,就自以为是地强调:

"男人手里没有钱才不会干坏事,长大了你就明白了。"看来,男人有钱就变坏,妈妈还真的这么认为呢。我一般不和妈妈争论,他们很和睦就足够了,爸爸也似乎已经习惯了这种局面,管他呢。

也许妈妈并没有相信我的话,她在各个房间里搜寻着。突然,她发现了我放在书桌上的那个崭新的红色钱包,突然怒火中烧,大声地呵斥道:"这个钱包是不是你自己刚刚买的?你怎么有这么多钱呢?是不是我的那100块钱就是你拿去花了?"

她似乎还不解气,又继续咆哮着:"我挣钱不就是给你花的吗?拿了钱就坦白承认,不承认就是偷的行为。你怎么能这样呢?都这么大了!"

"我真的没有拿!钱包是爸爸送给我的,不信你可以问爸爸。"我感到非常委屈,虽然我知道妈妈最近正值更年期,很敏感很容易生气,喜欢钻牛角尖。但是,我是她的女儿,我们一起生活了十几年了,我是什么人她应该很清楚,她怎么能以为我偷拿她的钱呢!太冤枉人了!

可是妈妈仿佛传说中的鬼魂俯身了似的,根本就不听我的辩解,竟然嘟囔着说是我和爸爸合起伙来欺骗她。我也很生气了,转身回到自己的房间,关上房门不再出来。胡乱看了一会儿书,后来就不知不觉地睡着了。

第二天早上,妈妈来敲房门,我不理她。她就在门外解释了半天。原来,昨天晚上爸爸回来后,妈妈和他说起这件事情,才知道是爸爸把钱拿走了。他看见餐桌上的100元钱,还以为是妈妈主动给他的零花钱呢。至于那个钱包,是爸爸办公室的一个大姐姐从网上买的。因为物美价廉,爸爸也买了一个。反正妈妈不喜欢用,爸爸就直接送给了我。

"唉,都是钱包惹的祸啊!"妈妈解释了半天,最后说。

哼,才不是呢!是你不懂尊重我!我撇撇嘴,不服气地想。

话外音:信任

信任是一种高尚的情感,是连接母子之间的有力纽带。父母对孩子的信任,就像小鸟赖以飞翔的翅膀。如果缺乏信任,父母与孩子之间就会产生隔阂。所以,要解决这些看似因为芝麻大小的事情而产生的矛盾,父母必须给孩子以足够的尊重和信任,处理问题之前先仔细询问或者倾听,这样,矛盾、误解可能就会最大限度地减少,乃至消失。

我的老哥老姐

董韵诗,女,14岁,金牛座,热情天真,对事充满强烈的好奇心,越是面对竞争压力,越是战斗力十足。人生格言:一个人最大的破产是绝望,最大的资产是希望。生活感悟:要懂得珍惜守护身边的每一个人,因为前世扭断脖子的回眸,才换来今生的相遇。

那天在湿地公园游玩,邂逅我的同班同学小茜和她的爸爸妈妈。互相介绍同伴的时候,我指着我的老爸老妈对小茜说:"这是我老哥,这是我老姐。"

看着小茜和她的爸爸妈妈吃惊的表情,我很骄傲,也很开心。生活中我喜欢这样称呼我的爸爸妈妈,因为我喜欢和他们一起时那亲密无间的哥们姐们一般的感觉。

我一直认为,我的爸爸妈妈是世界上最善解人意的父母。记忆中,无论我想什么、做什么,无论是对是错,他们似乎都非常理解也非常尊重我的意见,从来没有像有的同学的父母那样大惊小怪、小题大做。不同的是,对于我的错误,他们早晚会找机会和我进行彻底沟通,直到我心悦诚服或者低头认错,他们才肯罢休。

不过,我喜欢这样。在与他们或平静或激烈的沟通过程中,我对有些问题的认识和看法一定会有新的收获,感觉自己的确是在父母的精心培育中不断成长。关键是,他们对待我从不居高临下、飞扬跋扈,而是如同兄弟姐妹一般,这让我感到很舒服,也很愿意认同他们的见解或者接受他们的建议。

老哥一直教导我不要轻易许诺。对于合法的、自己能够做到的事情,一旦承诺就要尽己所能努力兑现。他就是个一诺千金的人。

有一年冬天回老家给姥姥过生日。因为老爸早就答应给姥姥买一个电暖器作为生日礼物。可是那阵子他实在太忙以至于忘记了这个诺言,回到姥姥家后他才想起这件事情。

老哥很是内疚,不顾老姐的劝阻和姥姥的阻拦,骑着自行车就跑到了镇上给姥姥买电暖气。那可是冬天,而且他走后就下起了大雪。等他买到电暖器回到姥姥家,全身几乎湿透了。习惯了办公室暖气的呵护而忽然遭受恶劣天气的侵袭,再加上前阵子工作的劳累,老哥回来后就频频打喷嚏,夜里发起了高烧。

看着老哥难受的样子,老姐和姥姥显然都很心疼。老哥却像完成了什么使命似的一脸的坦然,丝毫没有委屈和抱怨。这就是我的老哥,一个信守承诺的家伙。

老姐很善良也很温柔。如果我是男的,可能也会选择她这样的人作为终身伴侣。我从来没有看见她和老哥吵架,从来没有。老姐一回到家里就忙着做饭,而且经常学习新的花样做出色香味俱全的饭菜供我们享用,任劳任怨。老姐很有品位,所穿的衣服虽然价格不昂贵,但却非常漂亮非常显气质,很适合她的年龄和性格。温柔善良,会穿衣打扮,会调节生活,这是有一次老哥喝得迷迷糊糊的时候在我的逼问下对老姐的评价。

他俩遇到事情就一起商量解决,所以,从来没有因为家务事出现分歧而大吵大闹。老姐善解人意,老哥宽容大度,我就是在这样民主平等的氛围中耳濡目染渐渐长大,从不与人吵架。这都是老哥老姐的功劳吧。

老哥老姐会在我生日的时候偷偷地送我礼物。也许价格不是很昂贵,却都是我当时梦寐以求的:偶像的新唱片、新书包、新滑板等等。他们经常拥抱我、对我说"我爱你",他们让我一直在感动中开心地生活。

还让我感到好笑的是,老哥老姐之间互称"同学"。后来才知道,他俩确实是同学——幼儿园时期的。幽默来自智慧,恶语来自无能。我经常笑称自己就是他们早恋的结晶。

人生有三幸:衣食无忧,身心健康,亲情无限。父母的款款深情已经深深地融入我的心中。有爱就有梦想,有梦想就有希望,有希望就有力量。幸运的我心存梦想且充满希望。

老哥老姐,我爱你们!

话外音:快乐

生活中,我们不一定认同"老哥老姐"的称呼,但一家人的其乐融融着实令人羡慕。生活的真谛就是用眼睛拍摄远处的风景,用心灵找寻快乐的源泉。心里种上快乐,就不会长出痛苦。对孩子来说,真正的快乐,来自父母没有距离的关爱。一对相亲相爱又善解人意的父母所创造出的轻松和谐的家庭氛围,恰恰就是孩子得以快乐、健康成长的力量源泉。

没机会"变坏"

曾小妍,女,14岁,射手座,崇尚自由,喜欢无拘无束及追求速度的感觉,乐观、热情,是个享乐主义。人生格言:人生之旅的目的不在远方,而在内心。生活感悟:命运决定谁会进入我们的生活,内心决定我们与谁并肩。

我发现妈妈快疯了,真的,因为我。

我从小就喜欢和男孩子一起玩,我也不知道为什么。进入初中以后,妈妈开始强烈地反对我和男孩一起玩,哪怕是在一起写作业。

有一次,我的同桌过生日。她爸是一位大老板,家里条件很好,就约我们几个比较要好的同学一起吃西餐,然后又请我们去KTV唱歌。大家都玩得很high,又唱又跳的,直到深夜才解散。

因为KTV离我家远,同学小壮就自告奋勇护送我回家。在所有参加活动的同学中,他家离我家最近,所以我就很痛快地答应了。

小壮是我们班里个子最高的男孩子,学习成绩很不好,但是他很有责任心,喜欢帮助别人,还是我们学校的篮球高手。我听说班里有个女生正喜欢着他呢。

因为需要一段长路,我们俩就聊起了班里的一些事情。小壮告诉我,班长喜欢我这种带有男孩子性格的女孩;我也告诉他,班里有喜欢他的女孩子。这个话题我们都有兴趣,所以聊得热火朝天、忘乎所以,根本就没有发现我的妈妈就在离我们不远的地方,正怒火中烧。

因为是初秋,晚上的温度有点低,就在我打了一连串喷嚏,热情的小壮脱下自己的外套给我披在身上的时候,我的妈妈——一位平日里温柔优雅的执业律师,不知从哪里来的力气,以百米冲刺的速度飞到我们面前,几乎是歇斯底里地喝道:"干什么?这么晚了干什么去了你们?"

我和小壮都吓了一跳,看到仿佛从天而降的妈妈都不知如何是好。妈妈以律师的口吻询问了小壮父母的工作单位、姓名等,就叫小壮回家了。然后就像老鹰捉小鸡一样,几乎是推搡着我回到家里,审问正式开始。

在这之前,我只是和妈妈说给女同学过生日一起吃饭,临时决定一起去唱歌的事情也没有及时告诉妈妈,所以妈妈差点儿急疯了。爸爸不在家,她只好一个人跑到街上来找我。我解释了半天,又把同桌妈妈的电话给了她。她们通了电话之后妈妈的怒火才稍稍平息。但是,她仍然不放心小壮,她以为我"变坏"了,在和小壮谈恋爱。

我听了以后就急了,就把小壮告诉我的班长喜欢我的事情、班里女孩喜欢小壮的事情统统告诉了妈妈。原以为妈妈听了后会很欣慰,没想到恰恰相反,她听了以后更加紧张了。

"你们才多大啊,就开始喜欢异性朋友。再不严加管教,你真的就会变坏了,早晚会出事的!"妈妈十分肯定地说,"以后,不准参加任何同学的生日聚会了。"

妈妈说到做到,她把我每天上学放学的时间都规定好了。要是稍稍回家迟了一点,她就问东问西,大有不问出点什么就绝不罢休的架势。我简直崩溃了!

不仅如此,妈妈只要发现课外学习班里有男孩子和我走得比较近,她就会立即找老师给我调时间,让我专门和几个女生在一起学习。如果实在调不开,或者发现个别男生对我太殷勤,她甚至马上给我换地方。

我发现妈妈实在过于小题大做了,成天一副紧张兮兮的样子。如果这座城市里有专门的初中女生学校,她一定会想方设法让我进入,那样她才放心我不会变坏,不会早早地恋爱,不会受到来自男生的任何伤害。可是,都什么年代了,不和男生交流相处,长大以后我怎么认识判断男人,怎么和男人沟通交往呢?

现在,我真的想自由地"变坏"。可是,我根本就没时间没机会变坏,我发现自己已成了妈妈的笼中鸟,被尊重仅仅是一个遥远的期待!

话外音:敏感

不能只为摆正一个倒影就颠覆整个世界,预测未来的最好方法就是把它创造出来。如果父母过于敏感,遇事小题大做,不注意方法,不懂得尊重孩子的感受、倾听孩子的心里话,那只能是以爱的名义做不利于孩子成长,甚至是伤害孩子的事。

"神马"都是锻炼

王子琦,男,14岁,狮子座,待人友善,坚持原则,做事光明磊落,有时也会有顽固的一面,自信,组织能力强,策划主持的学校辩论大赛深受好评。最喜欢的格言:虽然你举不起自己,但一定要看得起自己。生活感悟:你对时间越吝啬,时间对你越慷慨。

我妈妈虽然不能堪称女强人,但确实属于"很能干"那一类型的。家里的很多事情都是她一手包办,我和爸爸根本就插不上手。而且,一旦我俩所做的事情不符合她的心意,她就会唠叨个没完没了。时间久了,我和爸爸就干脆做起"甩手先生",能不插手的事情,我俩绝对不插手。

虽然我知道这样下去妈妈会很累,但是,谁让她不放心我们?如果辛辛苦苦干了活还要挨骂,谁还愿意再继续干下去呢?

成为中学生以后不久,妈妈忽然说要锻炼锻炼我,增强我的自理能力。我嘴上说可以,可是心里却很不情愿接受妈妈的锻炼。因为据我多年的观察发现,妈妈眼里的"锻炼",实在不是什么好事情,不成为"折磨"就不错了。

虽然早有心理准备,可是,我和妈妈还是因为做家务而发生了冲突。

那天我正在家里看 NBA 比赛,比赛热火朝天地进行着,我正热切期待着我喜欢的队伍大获全胜。这时候,妈妈叫我到楼下买个西瓜回来。

虽然不太情愿离开电视,但是看看比赛时间还有近二十分钟才结束,买完西瓜回来应该来得及看结果,再说,我也正想吃西瓜呢,于是,我就急忙下楼去了,并且按照妈妈的要求买了一个比较大的西瓜。提着西瓜爬上七楼,我竟有些气喘吁吁,可能是走得太急的缘故。

刚刚放下西瓜,妈妈又叫我把垃圾送到楼下的垃圾箱。我一听就有点不乐意了,但看看时间还来得及,于是就提起垃圾袋飞奔下楼,然后马不停蹄地飞奔上楼。

回到楼上,我真的感觉自己喘气都困难起来了。正准备观看比赛结局呢,妈妈却又喊我,说中午做红烧肉,家里没有酱油了,让我下楼去买瓶酱油。

我真的生气了,就忍不住和妈妈吵了起来。

"麻烦您想清楚了,一次说完让我干什么事情行不行？七楼啊,来回好几趟了,不要这样啊!"我几乎是咆哮着说。

但是妈妈竟然不认错,她很不以为然地说："怎么了,这么大个孩子了,帮我干点家务活不行吗？你不是喜欢吃红烧肉吗？我还不是为了你吗？"妈妈竟然振振有词。

"干家务可以,你一次安排完不就行了？我下一次楼这些事情就能做完,何必非要我爬好几次楼呢？"我生气地和妈妈讲理。

"我这不是想锻炼锻炼你吗？"妈妈强词夺理地说。

"有你这么锻炼的吗？"我一边看着比赛结果,一边和妈妈辩论着。

"怎么不好呀？既锻炼了你的身体,又锻炼了你的耐心,一举两得不是？"妈妈习惯了常有理,并不认错。

看比赛已经结束,而且是我期待的结果,我心情不错,不再和妈妈争吵。家里就她一个女的,还是让着她吧。爸爸曾经告诉过我,不要和她争论,妈妈也挺不容易的。

最后,我还是下楼去买了酱油回来,也是为了能吃到我最爱吃的红烧肉吧。但是,我真的希望以后妈妈再安排我干家务活的时候,能学会统筹,而不是随心所欲,从不尊重我、从不考虑我的感受。

话外音：锻炼

父母锻炼孩子的自立能力,是应该的,更是必要的。但是绝对不是父母对孩子随心所欲的指使。让孩子干家务这样的小事,看似简单,但不统筹安排而一味地随心使唤,实际上就是没有尊重孩子的感受,是把孩子当做自己手里的一个工具,引起孩子的不满和反感在所难免。

妈妈是一朵奇葩

廖依然,女,13岁,白羊座,不拘小节、心胸开阔。对人慷慨大方,喜欢被赞美;对自己有自信,擅长组织事务。最喜欢的格言:想到对岸去,就不能只沿着河边走。生活感悟:最了不起的外出,并不是去北极那样遥远的地方,而是走出自我。

私下里,我被同学称为"知心妹妹",因为他们经常向我诉苦。

张翔说:妈妈只注重我的学习成绩,考好了很开心,考不好就生气。每天就跟唐僧一样对我念叨学习,念叨念叨再念叨,弄得我就像上了紧箍咒的孙悟空,真的苦不堪言!

汪飞说:我在家里不能看电视,要用电脑查资料还必须有家长陪着。为了防止我偷偷上网,妈妈竟然每月查上网记录,太不尊重人了。

汤倩说:我现在每天就四件事:吃饭,睡觉,上学,写作业。书包压人作业吓人妈妈逼人,我感觉自己就像一个永远被家长操控着的机器人。

听听他们的苦恼,我感到很幸运有开明的爸爸妈妈。尤其是妈妈,不但尊重我的感受、我的选择、我的决定、我的朋友和习惯,而且学习上从来不给我规定什么分数段,只要我遇到困难,妈妈就像大救星一样及时出现。

印象最深的一次是刚刚升入初中以后。因为班里同学都是来自各个学校的佼佼者,是小学时被老师捧在手心里的宝贝,所以班里的竞争异常激烈。我也非常努力,但是渐渐的自信心就没啦。不光不再是老师的宝贝,而且我无奈地发现,有的同学真是聪明过人,一段文字霎时就能熟练背诵,而我不能。于是我就开始着急起来,逼着自己努力拼搏以求力挽狂澜,结果却出现恶性循环:作业做到很晚没睡好觉,上课时打瞌睡被英语老师点名批评;数学作业急于求多做错了很多,被老师当众教训;语文课上回答不出老师的提问被罚站五分钟。

一天的时间,这样的事情接二连三地出现,我终于崩溃了。我给妈妈打电话说:"我不想上学了,你来接我吧。"

妈妈显然很吃惊，从她去学校接我时充满疑惑的眼睛里，我看得出她的不解。但她什么话也没说，只是把我带到了以前我们经常去玩的小河边。我俩沿着河边，一边走，一边聊天。

聊了很多，妈妈终于轻轻地问我为什么突然厌学了。我的眼睛就像决堤的大坝，霎时间泪水倾泻而下。我把开学以后所有的努力、失落、焦急、无奈等一股脑地统统地告诉了妈妈。

妈妈只是静静地听着，不断地替我擦拭着眼泪。直到我诉说完毕，她才温柔地说："对不起，妈妈太粗心，没有考虑到你会遇到这些问题，也没有及时帮助你解决。我相信你已经努力了，咱们一起来面对，一起来解决这些问题吧。"

然后，妈妈慢慢地告诉我她的想法。她并没有要求我一定要考年级第一什么的，也并没有要求我一定要考上清华北大。只要我努力了，体验了学习过程的烦恼和快乐，她就非常满意了。如果我不快乐，即使是考出满分的好成绩，她也不会开心。最后妈妈说："我尊重你的意见，先在家休息两天。记住：把压力当鸭梨，啃下它，你就胜利啦！"

妈妈的话像给我吃了定心丸，倾诉之后我也感觉轻松了许多。在家里休息了两天后，我又充满信心地回到了学校。回到学校后我发现，老师们的态度都有了很大的变化。先是班主任找我谈话，肯定了我的努力并给予我极大的鼓励；其他学科的老师也都特别关注我。我仿佛找回了原来在小学时候的感觉，心里坦然，希望之火又被点燃，厌学的情绪也消失得无影无踪了。

后来，班主任告诉了我，原来是妈妈及时和老师们进行了沟通，把我的烦恼告诉了老师，使得老师们"对症下药"。

我非常感谢妈妈让我这样长大。有时候，我禁不住把这些事告诉同学，他们几乎无一例外地回答："相比我们的爸爸妈妈，你妈妈是一朵奇葩。"

话外音：懂得

今天的剧情，是明日的伏笔；当下的灌溉，是来日的花开。一个懂得孩子泪水的妈妈，胜过一群只懂孩子笑容的家长。当孩子遇到困难和挫折时，能及时得到来自家长的理解、信任和支持，尤其是和父母进行朋友般的沟通后，就会产生更大的能量，去积极地面对挫折，克服困难，然后继续茁壮成长。

并不高明的测试

卢秀秋,女,13岁,狮子座,个性友善、体贴、外向,对人慷慨大方,很容易交朋友,人缘也很不错。最喜欢的网络流行语:踩着别人的脚印,不如开辟自己的道路。生活感悟:不埋怨不嘲笑,阳光下灿烂,风雨中奔跑,做自己的梦,走自己的路。

那天刚到学校,我的同桌郑强就表情非常不自然地神秘兮兮地问我:"昨天,你怎么啦?怎么那样说话?"

我一听就懵了:"我说什么了?不就是聊了咱们班的参加篮球比赛的那点事情吗?"

郑强一脸无辜的样子,结结巴巴地说:"你不是问我星期六的晚上敢不敢、想不想约你单独看电影吗?"

我更糊涂了,忍不住连连质问:"我什么时候这样说的啊?我为什么要这样说啊?我又不是特别喜欢你。"

郑强显然有点恼火了:"昨天你在QQ上不就是这样问我的吗?你自己回家看看去!"说完就不理我了,而且整整一个上午都板着脸,很恼怒的样子。

我想可能真的发生什么事情了。郑强是我们班比较内向的男孩子,平时也就是和我说话比较多。如果没有别的事情,老实本分的他是不会无中生有的。

中午,我满怀疑惑地回到家里,顾不上吃饭就打开了我的电脑并登陆QQ。不看不知道,一看吓一跳。原来,在我的聊天记录里明明白白地显示着,昨天晚上我确实问人家郑强"星期六的晚上敢不敢、想不想约我单独看电影",还添加了一个抛媚眼的表情。

这是谁干的事情呢?我看看时间恍然大悟,肯定是妈妈。昨天晚上我躺下以后才想起QQ没关,我叫妈妈帮我关掉的。

没想到,妈妈竟然冒充我聊天,还问人家那么出乎意料的问题。我非常生气。等妈妈下班回家,我就质问道:"你为什么冒充我和我同学聊天?"

妈妈竟然笑了:"我就想测试一下,经常和你聊天的那个男孩子是不是对你有意思,是不是你背着我和同学谈恋爱。昨天一试我就放心了,人家男孩根本就没想太多。"

我简直气坏了,太不尊重人了!妈妈怎么能这样呢?这种不高明的甚至让人不齿的测试造成的影响我怎么消除?同学知道后谁还敢和我聊天呀?于是我就和妈妈吵了起来,看妈妈不但毫无歉意而且振振有词的样子,我立即找出自己的零钱,准备离家出走。

可是,我本想吓唬一下妈妈,让她认识到事情的严重性,没想到她看到我收拾东西要走的样子,不但没有挽留我,反而生气地说:"有本事你就走,走得远远的!"

我怒气冲冲地离开了家门,来到了街上。想想无处可去,就到快餐店胡乱填饱了肚子。下午放学后,跟着同学来到她家。直到晚上,妈妈竟然也不找我。

在同学家里,我忍不住说起这件事情。同学的妈妈说:"先多多理解你的妈妈,然后再找机会和她沟通。她的做法确实不太合适,但你也不能以离家出走的方式表示抗议。"她给我的妈妈打了电话,妈妈接我回家。

回家以后,我们开始讨论这件事情。妈妈说了她进行测试的初衷,我表示理解。我也表达了对妈妈冒充我聊天的恼怒和离家出走的错误。对于自己并不高明的测试,妈妈也表示接受我的批评,并保证下不为例。

就这样,我们和好了,一场并不高明的测试引发的风波,因为我俩坦诚的沟通而就此结束。

话外音:测试

父母冒充孩子窥探孩子的隐私,这是极其不高明的测试,更是不尊重孩子的恶劣表现。这样做不仅会伤害孩子的自尊心,给孩子增添很大的心理压力,还会使孩子对父母产生不满和怨恨,失去对家长的信任。而且,父母做了错事还理直气壮的态度,不但会导致孩子的激烈反抗,例如离家出走,还有可能使孩子将自己的内心世界封闭起来,形成闭锁心理,产生影响终生的心理问题。

抗争以屈服而告终

魏辛迪,女,13岁,双鱼座,温柔善良,敏感宽厚,与世无争,有时候多愁善感。最喜欢的网络流行语:世界上最珍贵的不是永远得不到或者已经得到的,而是你已经得到并且随时都有可能失去的东西。生活感悟:凡是值得做的,就值得做好。

小学毕业的时候,我就和我的好朋友们约定,选择同一所初中,继续我们的同学生涯。

可是,就在我和朋友们憧憬着新学校新生活的时候,妈妈却告诉我说,经过她的认真考察,并和爸爸商量后一致决定,让我去城区的一所寄宿制学校上学,每两周回家一次。

我一听这个决定就懵了,连忙打电话给我的好朋友询问他们的意见。他们说那所寄宿制学校每年需要交一万多元的学费,他们不想去。这么说,如果我去那所学校上学,我就要和好朋友们分道扬镳了。

我当然不能同意。而且我听说寄宿制学校管理很严格,平时一律穿校服且不说,八九个人一个宿舍,什么性格的人也有,整天一起生活怎么和睦相处?如果我不幸和几个性格古怪的人分在一个宿舍,每天的日子不就是煎熬了吗?还有,不能上网、不能天天洗澡、不能看电视……那不是进了牢笼了吗?想想就可怕。

于是,我告诉妈妈说不想增添家里的负担等等,拒绝去上寄宿制学校。可是,妈妈竟然一点儿也不考虑我的感受,说什么要我接受自理能力的锻炼等等,坚持为我报了名。

我开始过上了郁闷的日子。我实在不想去那所学校,但又真的找不出充足的理由说服妈妈和爸爸。幸好,寄宿制学校还要举行一个选拔考试,我就假装不会解答若干题目,希望不被学校录取。

可是,奇怪的是我依然顺利地被学校录取了。我怀疑爸爸早就已经做了工作,否则,就凭我故意而为的成绩怎么能被录取呢!

开学的日子越来越近,妈妈开始忙着为我准备住校的东西。我不愿意却没有办法,就以没有经过我的同意为由和妈妈吵架,想以此改变去寄宿学校的命运。

但是没有用。妈妈依然按照学校的要求为我准备着一切,就仿佛我非常愿意似的。没有办法的我只好使出浑身解数向姥姥求助,恳求她别眼睁睁看着我跳进这个万丈深渊。

姥姥很疼我,当然舍不得让我去"受罪",就一遍一遍地给妈妈打电话,劝阻我的行程。妈妈根本就不听,非但不听,还用糖衣炮弹来轰炸我。她先是带我去了一趟西双版纳,欣赏了美景,品尝了美食,还给我购买了时髦的服装。但是,意志坚强的我并没有被妈妈的糖衣炮弹所征服。游玩归来之后,当妈妈再说上学的事情的时候,我依然坚决不同意。

妈妈没有耐心了,开始劈头盖脸地臭骂我不懂事。我也大发雷霆,上学这么大的事情,竟然不经过我的同意就替我做主,这哪像民主家庭发生的事情?我不但和妈妈吵架,我也不理爸爸。虽然以前爸爸一般是站在我的战壕里的人,但是在这件事情上,居然那么坚决地支持妈妈,真是不能理解!

那些日子里,我觉得自己的心情已经碎成纸片,再也拼凑不出自己期待的美好的明天。

就这样僵持了一段时间,眼看开学的日子就要来临,我心里开始忐忑不安,不知道自己的抗争能否起到作用。一天早晨,起床后发现我的房间门口有一封信,是妈妈爸爸共同写给我的。信里详细解释了替我选择寄宿制学校的原因,并因为没有事先和我商量而真诚地向我道歉。

爸爸妈妈终于向我伸出了尊重的橄榄枝,我的抗争也只好以屈服而告终。父母如此用心良苦,我怎么能拿自己的美好明天做赌?于是,我乖乖地收拾好行李,准备迎接新生活的开始。

话外音:选择

每个人在生活中都有可能被迫放弃或选择什么,但千万不要让孩子在一场场身不由己的选择中退化了自己。选择什么学校固然重要,更重要的是应该先倾听当事人的心声,事先及时地予以沟通,让孩子在认同后自己做出决定。如果强压,孩子表面服从,但心里的叛逆可能会加重。

家有"狼爸"

冯嘉丽,女,14岁,白羊座,性格外向,对人热情,好奇心强,不愿服输,充满自信但有时固执己见。喜欢运动,在全校运动会上屡次获得800米冠军。最喜欢的格言:在人生的道路上要奋力奔跑,不要害怕受伤,因为擦破皮的膝盖比犹豫不前的双脚更有价值。

爸爸竟然打了我,只因为我要对同学履行承诺。

有一个星期天,妈妈出差到外地了,家里只有我和爸爸两个人。爸爸生性多疑、不善言谈,有时候对我简单粗暴,所以我和他之间好像一直无话可说。我一个人觉得很没有意思,于是就打电话和同学约好,一起去爬山。

收拾好东西正要出门,爸爸问:"上哪儿去?"

"我和同学去爬山。"我说。

"不许去!"爸爸竟然粗暴地说。

"为什么啊?"我不解地问。

"没有为什么,不叫你去你就别去。"爸爸态度非常强硬地回答。

"可是,我已经和同学约好了,她们现在应该都出门了。"我有点着急了。

"约好了也不行!"爸爸面无表情、冷若冰霜。

我有些不服气了,固执地说:"我就要去,我不能失信于人!"说着,我就背起书包,准备开门。

爸爸看我不听他的话,就生气了,他一把把我拽回来,抬手就是一巴掌,说:"你还长本事了!我说不能去就不能去!"

爸爸竟然打了我,仅是因为这样一件事情,我感到又伤心又委屈!马上,我的拗脾气也来了,我连忙擦干夺眶而出的泪水,猛地打开房门,冲了出去。

爸爸在后边大声地喊着:"你回来!快回来!"

但是,我也不知道哪里来的力气,竟然飞快地跑到街上,然后打的就向约定的地点奔去。

我和约好的同学们来到了附近的那座小山,其实应该算是一座丘陵,不高,树木茂密,空气清新。我们像一群放飞的小鸟,自由地翱翔在属于我们的天空,感觉真好!在和同伴们的嬉戏打闹中,我也渐渐地忘记了出门前和爸爸发生的不愉快。

我们玩得很晚才回家。大家似乎都不愿意回到那个爸爸妈妈整天唠唠叨叨、没完没了的房子里。只能算是房子吧,如果没有了爱和自由,怎么能算是一个家呢!

我回到家里,本以为爸爸的气已经烟消云散了,或许早已原谅了我的反抗。可是,我错了,我一迈进家门,爸爸就几乎像一只恶狼一样扑了上来,迅速地踹了我一脚。我没站稳,一下子就摔倒在地上,泪水,再一次夺眶而出。

爸爸今天是怎么啦?我真不明白,难道仅仅是因为我要履行对同学的承诺,他就这样大动肝火吗?至于吗?我倔强地爬起来,哭着回到了自己的房间,紧紧地关上房门。妈妈不在家,爸爸这个样子对我,我感到自己好孤单好害怕。

我一直不和爸爸说话,直到妈妈出差回来。我把委屈一股脑地告诉了妈妈,妈妈除了安慰我并没有说什么。但是在夜里我起床方便的时候,我却听见了他们尽力压低声音的争吵,我终于明白为什么那些天爸爸那样不近人情了。原来,内向又有些自卑的爸爸,正怀疑开朗又能干的妈妈有外遇了呢!

唉,我的爸爸啊!如果你想让妈妈永远地爱着你,除了好好地用爱来打动她之外,尽可能地让自己变得更加优秀不就行了吗?你越是胡乱猜疑,越是证明你的无能和小肚鸡肠。而且,还把怒火迁移到我的身上,这是一个敢于担当的男人该做的事情吗?

> **话外音:伤痕**
>
> 据说上帝之所以创造指纹,是因为他想让人们知道:其实每个人都有伤痕。但是,父母不能让自己的感情伤痕再在孩子身上留下烙印。在夫妻关系出现问题的家庭里,迁怒和打骂是无能的表现,也是割裂亲子关系纽带的有力杀手,更是最无力的教育。

我不需要那么多观众

刘乐怡,女,14岁,双子座,多才多艺,胸怀大志,喜欢创新,是全校人人皆知的小歌手。自我评价:过去活泼好动,现在含蓄娴静。人生格言:愚者把自己当做人生的观众,在别人的故事里旅行,成为生命的过客。生活感悟:走在光滑的冰面上很容易摔倒,是因为上面没有坎坷。

虽然我已经是八年级的学生了,可是我感觉爸爸妈妈仍然还把我当做小学或者幼儿园时那个乐于表现、需要观众捧场的小孩子。我越是想用行动证明我已经不需要那么多观众,却越是引起爸爸妈妈的强烈关注和干涉。

因为我们家族的老人都还健在,所以大家欢聚一堂为老人庆祝生日的机会就比较多。记忆中,每一次参加这样的聚会,爸爸就不由分说让我当众唱一首歌。

小时候我的确乐于展示自己,但是从去年开始,我已经非常不愿意从事这个活动了。虽然私下里我已经明确地和爸爸说了很多次,不要再让我在酒桌上唱歌了,爸爸却不以为然,说小孩子给大家唱个歌怎么啦?反正唱得很不错。所以每到那样的场合,爸爸就不由分说当众宣布让我唱歌助兴,丝毫不顾及我的感受。每当爸爸的话音一落,在大家期待的目光里,尽管我为了照顾爸爸的面子勉强为大家高歌一曲,但是此时我心里对爸爸却充满反感,甚至是强烈的怨恨和厌恶。

我已经不是小孩子了,我不再需要这样的观众,我不愿意也不需要在这样的场合表现自己!可是,爸爸什么时候能认识到这一点啊!

不仅如此,我试图脱离爸爸妈妈视线的任何活动,都会遭受到强烈的反对和阻拦。

比如今年暑假,我和几个好朋友约好了结伴参加旅行团去青岛玩两天,仅仅两天而已,就权当参加社会实践。可是,我刚把这个想法告诉爸爸妈妈,他们就异口同声表示反对。说小孩子家家的,虽然有伙伴,但出去后很容易上当受骗。要去也可以,每人必须有一位家长陪同。

我都多大了,难道我们几个人的智慧加起来也不能辨别社会上所谓的险恶?何况还有旅行团呢!在家长的紧紧看管之下,我们只能循规蹈矩,何谈自主实践?

我开始和爸爸妈妈争吵,据理力争。我已经和几个朋友约好了,人家的爸爸妈妈都同意并把报名费交了。如果我中途退出不是言而无信吗?以后我怎么在朋友面前昂头做人?可是,无论我说什么,爸爸妈妈就是不同意。以后的几天里,只要一提这件事就必然发生争吵。我简直快要崩溃了。

没办法,我只好偷偷地拿了自己的压岁钱,和朋友一起报了名。我想如果到时候他们还是不同意,我就不辞而别。

后来,不知道是因为我的毅然抗争,还是因为别的什么事情,爸爸妈妈竟然做出了让步,同意我跟我的朋友们一起去青岛旅游,但条件是:让我正上大学三年级的表姐陪着我们。

虽然有表姐这位年轻但比较守旧的"观众"的存在,一定会大大降低我们四个初中女孩探索世界的兴趣,也很有可能让我们放松不起来。但是别无他法,我只好同意了。谁让我碰上这样胆小心细的家长呢!

我很想大声呼吁:爸爸妈妈啊,很多时候,我已经真的不需要观众了,真的!

话外音:风帆

如果把人生比作大海,孩子便是一艘帆船,父母就是风。父母可以想方设法吹动风帆,但绝对不能代替他航行。进入青春期后,孩子自我意识加强,要求在精神生活上摆脱父母的羁绊,想自己掌握人生的船舵,家长应该予以关注和重视。家长们,在风动船行的海路上,孩子需要更为广阔的天地去历练,该放手时就放手吧!

偷窥的后果

苏珊娜,女,13岁,处女座,做事一丝不苟,有批判精神,是个完美主义者,极度厌恶虚伪与不正当的事。人生格言:放弃是另一种坚持,你错过了夏花之灿烂,必将会走进秋叶之静美。生活感悟:憎恨别人就像为了逮住一只耗子而不惜烧毁自己的房子。

以前,我和爸爸妈妈的关系可以说是非常和谐。他们很关心我,我也非常信任他们。但是,进入八年级的偷窥事件发生之后,他们就失去了我的信任,而且后果很严重,信任危机一直持续到现在。

那是一个星期六的晚上,按照爸爸妈妈的规定,我可以有两个小时的上网时间。我登陆QQ,先是和同学聊了聊对学校里发生的好多事情的看法,又说了说明天的打算,然后就准备睡觉。

等我洗刷完毕以后,忽然想起我的闹钟还放在书桌上,于是就到书房去拿。可是让我大吃一惊的是,我的爸爸妈妈竟然重新打开了我的聊天记录,正在聚精会神地一条一条翻看呢!

看着爸爸妈妈略显尴尬的样子,我很愤怒,也很无奈。我知道他们很想了解我的思想动向,但采用这种偷窥我隐私的做法,实在让我难以接受。自己置身于被人偷窥的境地,好可怕! 我感觉从此再也没有安全感了。

就这样,我和爸爸妈妈开始陷入了冷战。我本来就不是一个开朗的人,这件事情以后,我任何话也不愿意和爸爸妈妈说了。我把QQ设置了密码登录,我对他们再也不放心了。他们也没有找我解释什么,好像这样做非常应该似的。

可是,冷战的结果是,我感觉自己与爸爸妈妈疏远了,不再亲密无间了。我的沉默,倒是没有使家里发生什么战争,但我似乎再也感觉不到来自父母的温暖。

终于有一天,战争还是不可避免地爆发了。那一次我正在和同学讨论周末作业的事情。爸爸走进来,我本能地一下就把显示器关了。我就是不想让他看见我在和同学说些什么。但是,我的这个举动却更加引起了爸爸的怀疑。他一下强行打开显示器,说:"小小女孩子,有什么秘密?和谁聊天呢?男的还是女的?聊什么事情啊?"

我更加生气了。爸爸不由分说、胡乱猜忌的态度,让我产生极度反感的情绪。我板着脸,不理会爸爸探寻的目光,按照步骤把电脑关了,然后自顾自来到自己的房间。事情就这样结束,似乎没有结局。

后来,姑姑换了一个新手机,就把她原来的手机给了我。有的时候,我就用手机和同学交流学习、作业等。其实真的没有什么秘密内容,但是,我就是不想让爸爸妈妈看见,谁让他们那么不信任我呢?

我还认真研究了说明书,给手机上了键盘锁。有一次我刚回到家,妈妈就迫不及待地问我:"你的手机怎么打不开啊?"

哼,我撇撇嘴没有理会她。肯定是又想翻看我的手机,自己却没有办法打开吧。一想到妈妈费尽心思却打不开我的手机的样子,我就不由自主地笑了。

隔阂产生以后,伤心无痕,我只感到很委屈。我是一个什么孩子,爸爸妈妈心知肚明,为什么用偷窥的那么不信任的做法对待我?我希望他们给我充分的尊重和信任,我才能真正感到温暖的被爱。

不过,负面情绪真的就像长在背上的疙瘩,小心别碰到,默默就好了。慢慢地过了一段时间,我终于开始有了和好的愿望。我想找一个合适的机会和爸爸妈妈好好谈谈,提醒他们要给以我尊重和信任,这样,我们家的气氛才会和谐如初。我也要努力用行动证明自己,不要让父母再陷入担心和猜疑之中,说到底,父母还是不放心我。

话外音:慎重

有时候,信任就像一张纸,皱了,即使抚平,也恢复不了原样。孩子在成长过程中不可避免地会出现需要父母特别关注的事情,父母应该慎重选择处理问题的方法。初中孩子开始有了属于自己的小秘密是正常的。父母应该尊重孩子的秘密,让孩子感受到父母对自己的信任,从而帮助他们顺利度过这段多愁善感的青春期。基于不信任而采取的欠理智的措施,不但不解决问题,反而会使事情走向相反的方向。

科长爸爸 OUT 啦

马均瑶,14岁,巨蟹座,聪明伶俐,自尊心也很强,偶尔看肥皂剧,偶尔披头散发,偶尔讲脏话。最喜欢的格言:放下架子,路就会越走越宽——架子只会捆住你的手脚。生活感悟:太惦记别人的生活是毁坏自己的幸福;太在乎别人的评价是撕扯自己的美好。

有一年暑假,爸爸的大学同学来济南出差,顺便带着妻子和孩子来玩。爸爸不仅请他们吃饭,还带着他们到 KTV 唱歌。

爸爸同学的儿子小轩已经读高中二年级。他是一个阳光帅气的男孩子,从吃饭时开始我们就聊得很投机。我们有很多共同的话题,而且他懂得很多知识,还教我许多学习技巧和方法,让我受益匪浅。到了 KTV 之后,爸爸和他的同学仿佛忘记了年龄,都争着抢着忙着唱歌。我和小轩则坐在一个角落里,继续很开心地聊天。

从 KTV 出来后,我们互相道别,我和小轩彼此留了 QQ 和手机号码。回到家里,我仍然兴奋不已,忍不住给小轩发了一条短信。

爸爸发现了,走过来问我给谁发短信。我不假思索地说:"小轩啊!"

万万没有想到的是,爸爸不说什么却突然打了我一记耳光。我被打懵了,我犯了什么错竟然被打耳光? 我忍不住哭了起来。

正在换衣服的妈妈也连忙走过来,不解地问爸爸:"刚才还好好的,为什么打孩子呢?"

爸爸理直气壮地说:"你看她从吃饭到唱歌,一点儿也不知道矜持。黏着人家的儿子问东问西的就像一个傻子。你不要脸我还要脸呢!"

妈妈叹口气:"你也太要面子了。孩子们谈得来,话说多点又怎么啦? 我看小轩挺好的,你可别冤枉了孩子。"

爸爸坐到沙发上,振振有词道:"我的孩子就得听我的。作为科长的千金,得学着端端架子,高傲着点。"

我反感地看了一眼爸爸，不再说话。来自农村的爸爸原来不是这个样子，自从当上科长之后却仿佛变了个人。不管是在单位还是回到家里，总喜欢用命令的口吻和别人说话，而且还要求大家把他的话当做圣旨一样绝对不能违抗。

我感觉爸爸这个样子很虚伪。科长怎么了？只能证明有一定工作能力或者资本而已。如果他不尊重别人，科里的人都不愿意配合他的工作，他这个科长就会成为孤家寡人。妈妈已经善意地提醒他多次了，他不但不改正，反而对妈妈更加颐指气使。为了息事宁人，善良温柔的妈妈不再和他计较。可是，我不喜欢被人摆布的生活。我有自己的思想，爸爸应该以身作则，用事实教育我。

再说了，现在越是真正有能力、有权利、有钱财的人，越是低调行事。我同学的父母有开着宝马的老板，有位高权重的局长，也没见人家成天趾高气扬的样子。我看网上说人家盖茨的女儿从头到脚没一样牌子货，打扮一点不显世界第一富家千金的身份，而且自己拎个大箱子徒步出行。古人说，有德自然香，依靠端着架子引起别人重视的做法，早就已经OUT啦。

我承认，爸爸有可能是担心像妈妈一样善良的我容易受到伤害，所以对于我和小轩的相处才有那么激烈的反应。可是，我想告诉爸爸的是，我不可能一辈子生活在父母的翅膀之下，总有一天我得自己翱翔天空。如果不让我在与人交往的过程中去体验和感悟，当我像一张白纸那样置身于人海里，我将如同白痴，一旦受到伤害也许就是致命的。那个时候，作为爸爸可能就会更加后悔。

我希望爸爸告诉我道理，指给我方法，而不是一味简单粗暴地压制我。他可以告诉我不能和小轩走得太近，或者不必主动热情地与陌生男孩子交往等，我想我会认真反思自己，认真听取他的建议。

我非常不喜欢被压制，没有人的思想是压制出来的。可是，爸爸当了科长之后，压制人的思想却越来越严重。他只拥有自行车的外表却要保持一颗F1的心，我理解他。但是，我却不知道应该怎样来阻挡他OUT的脚步。

话外音：简单

用真诚的简单对付虚伪的复杂，不要把简单的事情复杂化，这是时下许多人的真实想法。有时候，因为虚荣和职场陋习的影响，父母会用自己复杂的眼光看待孩子真实而简单的思想，这会让孩子感到无奈，甚至会给孩子带来很大的伤害。幸好孩子有自己的判断力，否则，真有可能被爸爸同化。

锁不住的日记

蒋慧茵,女,13岁,双子座,聪明活泼,思维活跃,喜欢忙碌和追求新的事物,口才一流、有语言天分。最喜欢的网络流行语:从生到死有多远,呼吸之间;从迷到悟有多远,一念之间;从古到今有多远,谈笑之间;从你到我有多远,善解之间;从心到心有多远,天地之间。

从小学五年级开始我就喜欢写日记,几乎所有日记本都上了锁。不是我有什么不可告人的秘密,也不是我非常愿意制造神秘,而是因为爸爸总是想方设法偷看我的日记,这让我感到非常烦恼。

上了初中以后,因为功课繁多,有两个星期没有写日记之后,我竟然忘记了日记本的密码。没办法,我只好又买了一个不带密码锁的本子。我已经长大了,爸爸应该尊重我而不会再偷看我的日记了吧。

去年冬天,我写完日记以后,就把本子放在衣橱里,用衣服盖得严严实实的。没想到的是,还是被我的爸爸妈妈找到并偷看了日记内容,还针对内容把我批评了一顿。后来,不得已我就用针线把日记本缝了起来,我决定再也不写日记自找麻烦、自寻烦恼了。

后来,家里安装了宽带,我除了偶尔上网和同学聊聊天,还偷偷在QQ上写日记。爸爸妈妈控制我上网的时间,除非查找资料,否则一星期只能上一次网。我知道他们担心我上网成瘾,影响我的学习和健康,因为有不少青少年的违法犯罪行为就是从上网玩游戏开始的。但是我有自己的原则,从来不和陌生人聊天,只是和我的同学聊一聊我们都感兴趣的明星或者好玩的事情。

有一次,我不小心把QQ改成了自动登录。等过了一周之后回到家里,突然发现我的QQ信息发生了很大的变化。我问爸爸是不是登陆我的QQ了,爸爸理直气壮地承认了,还严肃地问我:"写那么多日志有用吗?多愁善感可不好。有一个叫晴天的给你留言,不太正常。他是谁?"

我一听就急了,又偷看我的日记,真是无孔不入啊!至于晴天,她只是我的小学同学,又不是男生,爸爸何必那么多虑?再说了,难道不能和男同学聊天吗?爸爸除了妈妈就不和其他女人说话了吗?

"你为什么偷看我的日记?你这是侵犯我的隐私权!"我气愤地说。

"侵犯你的隐私权?你是未成年人,我是你的爸爸,你的监护人,我必须关注你的一行一动。因为你就要进入青春期了,我可不希望你出现什么早恋的问题。你不主动告诉我,我就只好偷看你的日记了。"对于我的愤怒,爸爸很是不以为然。

我真的感到很无奈,我已经13岁了,我想拥有属于自己的小秘密,希望有自己的空间,这样我才感到更加自由和安全。我不会对爸爸妈妈刻意隐瞒什么,但是我希望他们能信任我、尊重我,我会因为他们的尊重和信任而对自己的行为负责任的。

我很希望能够和爸爸好好谈一谈,但是一直找不到合适的机会,也不知道应该怎么谈合适。我知道,当我任性的时候,赞同我的不一定是朋友,但反对我的人绝对是真正关心我的人。爸爸是因为关心我才这样做的,我总不能因为爸爸偷看我的日记或者登录我的QQ就去法院告他吧。

所以我想把这件事情告诉班主任,希望老师在开家长会的时候,和家长们好好谈一谈,强调强调尊重孩子隐私的重要性。爸爸最听信班主任的话,这样他可能就不再偷看我的日记了。当然,我也要尝试着主动和父母汇报自己的思想状况,避免不必要的猜疑。对于父母善意的固执和偏颇,我也应该不愤不怒、心怀平和。我知道,父母本意是对我好,只是方式不一定恰当。

> **话外音:担心**
>
> 家长担心孩子出现问题而想方设法了解孩子,虽然情有可原,但过度的担心和不恰当的窥探,不但不能顺利揭开谜团,还会为亲子间的沟通制造更多的麻烦和困难。其实,只要方法得当,父母与孩子的沟通就很简单。仔细观察、贴心爱护、平等交流,都可以了解孩子、洞察孩子的心理变化。偷看孩子日记这样的行为,不仅会使孩子产生强烈不满,还会给孩子造成不被尊重、不被信任的挫折感和不安全感。

为什么错的总是我

周小茜，女，14岁，处女座，做事投入，求知欲强，对自己要求严格。外表安静，内心胆怯，喜欢舞文弄墨，曾经有文章发表在当地晚报上。最喜欢的网络流行语：一定要赶在别人添油加醋之前，承认自己犯下的错。生活感悟：活鱼逆流而上，死鱼随波逐流。

多年以前，妈妈就曾经给我商量，说再给我生个小弟弟或者小妹妹，我不同意。因为我的同桌就有一个妹妹，他曾经告诉过我，一旦有了弟弟或者妹妹，自己在家里的宝贝地位就消失了，就得不到爸爸妈妈全心全意的爱了。

十岁那年，虽然我不同意，但是我的弟弟小天还是降生了。听说为了生他，爸爸还花了一大笔钱呢。弟弟的到来让爸爸喜笑颜开，他经常逢人就说什么"人多力量大，人多干劲足"、"为了这俩孩子，我辛苦一点无所谓"等等诸如此类的话。

其实我并不这么想。妈妈都是家里的独生子女，爷爷奶奶、姥姥姥爷都是农村人，几乎任何事情都需要爸爸妈妈去处理。而且，弟弟出生那年，我们家刚刚换了大房子，爸爸买了新汽车，听说爸爸的厂房还要再扩大一倍，这得花多少钱啊！弟弟的出生不更增添了家里的负担吗？我真的不希望爸爸妈妈太累了。所以，尽管爸爸妈妈整天高兴地合不拢嘴，但我对这个小弟弟却一直怀有排斥的态度。

果然不出所料，随着弟弟的光荣出世，我在家里的地位真的是应该用一落千丈来形容。妈妈对我的事情几乎不闻不问，眼里只有弟弟的吃喝拉撒睡；虽然爸爸很忙，经常不回家吃饭，但只要他一回家，顾不上换衣服就抱着弟弟问长问短，亲密的样子真是让我羡慕、嫉妒、恨！更让我感到伤心不已的是，无论我和弟弟之间发生了什么事情，爸爸妈妈竟然都不约而同地一致认为都是我的错！

比如那天回姥姥家，姥姥知道我最爱吃牛肉包子，就给我包了一些，并且把剩下的几个也让我带回家,留做第二天的早餐。说实话,自从弟弟出生以后,我发现只有姥姥还一如既往地疼爱着我。所以,也只有在姥姥家里我才能充分体会到被爱的感觉。

可是第二天早上,当我满怀期待地准备享用最爱的牛肉包子的时候,却发现餐桌上根本就没有包子的影子。

我问妈妈我的包子哪去了,妈妈却不以为然地说:"你弟弟很喜欢吃,都留着给他吧!"我一听这话就气不打一处来,大声地和妈妈吵了起来。吵着吵着,我就想起弟弟出生后妈妈对我的漠不关心、对我的百般冷落,伤心往事一并涌上心头,竟然忍不住号啕大哭起来。

正要急着上班的妈妈一看我撒泼的样子也生气了,抬手就给了我一巴掌,还生气地说:"不就是几个包子吗?你至于这样吗?你是姐姐,就应该让着弟弟,你不吃也得先让弟弟吃,真是不可理喻!"

妈妈竟然打了我,我好伤心!几个包子不算什么,我只是感觉自己真的被他们忽视了!我虽然不敢奢望他们也能像对待弟弟那样地对待我,但最起码得尊重我、给我足够的关心吧!可是他们根本就没有认识到这些,而且仿佛什么事情都是我的错:弟弟打碎了台灯,妈妈说是我没看好弟弟;弟弟要玩电脑游戏,我就得马上终止和同学的QQ聊天,把电脑让给他,否则,弟弟就又哭又闹,妈妈就会不分青红皂白地大声斥责我……

为什么就不能理解一下我的感受呢?为什么有了弟弟以后我就好像成了多余的人?我也是一个需要爸爸妈妈关心爱护的孩子啊,为什么没有人考虑一下我的感受,过问一下我的意见呢?

话外音:反抗

反抗心理是初中孩子普遍存在的一种心理特征,也是少年逆反期的常见的情绪表现。当自己的独立自主意识受到阻碍,当自己的平等欲求得不到满足,或者与父母存在观念上的冲突的时候,他们就会以行动进行抗争。而父母命令的语气、讽刺的语言,或者不分青红皂白的呵斥,会使孩子更加怨恨、恼怒,甚至产生敌对情绪,从而引发一些顶撞、抗拒父母的行为,使得亲子间的沟通无法顺利进行,问题难以彻底解决。

给我一个空间

杨春晓,女,14岁,巨蟹座,比较内向,不善表达,道德意识很强烈。生性慷慨、感情丰富,乐意帮助有需要的人,有时候缺乏自信。人生格言:只要路是对的,就不怕路远。生活感悟:明天是世上增值最快的一块土地,因为它充满了希望。

说老实话,现在我感觉在家里非常压抑。

都说我们和父母是两个不同时代的人,存在代沟,但我感觉自己和爸爸妈妈简直就是两个世纪的人,仿佛足有二百年的距离。

爸爸妈妈是典型的保守派,成天地看电视,却一点儿也不接受任何新鲜事物。看见邻居家换了什么现代化的家电、汽车,甚至是时髦的新衣服,他俩就私下里对人家说三道四。

对我来说,他们更是如此。

从小我就喜欢画画,可能也有点天赋。虽然爸爸妈妈没有送我参加什么美术班,但是,只要看到我感兴趣的事物,我就会不由自主地画下来,多数时候都是画在本子上,以备有空的时候自己偷偷欣赏。

有一次,我看见电视剧中的一个人把自己的大拇指画成了一个表情丰富的人头,然后用它向女朋友道歉。他的拇指一弯一弯的,就好像一个人在接二连三地鞠躬,很好玩儿,很有趣儿,真的很有意思!

于是,坐在自己的书桌前,我也用圆珠笔画了起来。一边画,一边情不自禁地乐,以至于妈妈站在我身后大半天了,我竟然没有察觉。

看到我手上的画作,妈妈大发雷霆。逼着我立即去洗手间把手洗干净。然后就开始骂我,什么不务正业啦、不珍惜时间、不知道体谅父母的辛苦啦等等,整整唠叨了足足有半个小时。我刚想申辩一句,她就有十句话让我闭嘴。

为了息事宁人,我只好一声不吭保持沉默。因为只有这样,才能让妈妈早一点停止咆哮。

不仅如此，平日里尽管我已经非常注意自己的言行了，但还是经常惹得妈妈生气。例如，妈妈特别爱干净，有时间就一遍一遍地打扫房间。而每一次打扫我的房间的时候，她就忍不住唠叨一番。只要她发现我的房间里有任何杂乱的东西，哪怕是每天都会产生的灰尘，妈妈也会不问青红皂白地说我一通，而且上纲上线，说的全是大道理：什么不讲究卫生啦、没人喜欢啦、长大了不好找婆家啦等等，听得我的脑袋都要炸了，真想赶快逃离这个房间。

所以，在家里我几乎没有什么自由可言，更谈不上想干什么就干什么。就连在我自己居住的那个小房间里，我也是得小心翼翼、提心吊胆的，生怕自己的什么行为又惹恼了妈妈，然后又是狂风暴雨倾盆而下。

妈妈除了上班、回家做饭，就是看电视，几乎从来不和别人交往，所以也就几乎没有任何朋友。

现在这样的社会，没有朋友的人怎么生存？我真的不知道妈妈是怎么想的。历史书上说得很清楚，闭关锁国一定要落后，落后就要挨打。"闭门锁家"又何尝不是呢？

我真希望妈妈能够走出去，听听别人家的孩子过着什么样的日子；别的妈妈是不是也和她一样，对孩子严加看管，不给任何空间；是不是所有的妈妈都像她一样，只是把孩子当做自己的一个物品，任意摆弄。

我看见网上有人说：不喊痛，不一定没感觉；不要求，不一定没期待；不落泪，不一定没伤痕；不说话，不一定没心声。

以前我在家里，真的是不喊痛、不要求、不落泪、不说话。可是现在，我实在憋不住了，我想说：妈妈，请给我一个空间吧！我需要您的管教，更需要有尊严地自由自在地长大。

话外音：空间

每个人年少时都会有很多无处安放的苦恼，很多苦恼的根源是在家里没有属于自己的空间。保守和自我封闭的父母很难让孩子学会乐观开朗地面对世界。家长除了应该走出家门，拓宽视野，关心时事，了解世事，与人交往，亲近自然，还应该经常接受社会正面的熏陶和影响，这样才能把孩子的成长空间拓宽，使孩子的身心更加阳光、健康。

智商中的脂肪

罗里杰,男,13岁,天蝎座,好胜,不妥协,有敏锐的观察力,但往往以自我为中心,靠感觉来决定一切。最喜欢的格言:心静则明,水止乃能照物;品超斯远,云飞而不碍空。生活感悟:有些事情本身我们无法控制,只好控制自己。

八年级的时候,有一个周末我和妈妈还有姥姥在家里看电视。万万没有料到,晚上因为看什么节目的问题,我们之间产生了矛盾。

我当时在看"快乐女声"。那天晚上正好是决赛。我很希望自己喜欢的刘忻能获得冠军,而妈妈和姥姥则喜欢段林希。她们都说像段林希这样的女孩子,能够走到今天的这个舞台全凭自己的实力和毅力,真的非常不容易。

我也赞同妈妈和姥姥的观点,但我更希望刘忻能赢得冠军。毕竟她已经27岁了,而且唱歌很好听,确实很有实力,她自己也非常用心和刻苦。

就在我们互相为自己支持的女生祈祷的时候,让人意外的一幕发生了。刘忻在唱《老男孩》的时候,可能回想起了自己艰辛的过去,情绪失控而唱歌走音,以至于发挥失常而失去了争夺冠军的机会。

看到那一幕时,我的情绪也异常激动起来,我在客厅里不安地来回踱步,全然不顾妈妈的劝阻。我祈祷评委们能网开一面,原谅刘忻的过失,毕竟那也是她自己真实情感的流露。可是,正如某位评委所言,比赛现场不容失误,打分的结果表明,刘忻获得季军已成定局。

妈妈对于我激烈的反应很是不以为然。她看我情绪激动的样子,甚至有些生气了。她说:"这么大的人了,怎么还这么小孩子气?失误就是失误,这就是比赛,现实就是这么残酷。为什么有的人平时学习成绩很优秀,但高考的时候却没能考入自己满意的大学,甚至名落孙山?心理素质也是一个重要的方面。哪一个人能说因为他的失误成绩不好而原谅他?没有人。所以,你没有必要也非常不应该有那样激烈的反应,太情绪化。"

我对妈妈的观点不反对,但也不是很赞同。我们是两个不同时代的人,代沟的存在在所难免。但对于妈妈对我的不理解甚至是批评的态度,我有点接受不了。所以,索性跑到自己的屋里看书,任凭姥姥和妈妈怎么叫我出来看电视,我就是不再理睬。

过了一些时间,外出应酬的爸爸回来了。大概看出了家里的气氛有点不对头,就问妈妈发生了什么事情。不知道妈妈怎么说的,反正过了一会儿,爸爸就拉着妈妈来到我的屋里,说别让矛盾过夜,我们得谈谈。

我就把我的真实感受告诉了爸爸。爸爸听后就笑了,说:"其实,你和妈妈都没有错。只是在这个问题上,你们的智商都出现了脂肪,都只站在自己的角度看问题了。你敢把自己的不满说出来就是很好的做法。当然我们大人看问题也应该尽量全面一些,和你及时沟通,否则大家都不愉快了,这日子过着就没有什么意思了。"

听了爸爸的话,我和妈妈也都笑了。可不是嘛,刚才我俩的头脑真的就像被脂肪占据了,只是站在了自己的角度看待这件事情,不够客观,不够全面,以至于沟通不畅而造成矛盾,实在不应该。

妈妈说过,爸爸复杂的五官,掩饰不了他朴素的智慧。使人发光的不是衣服上的珠宝,而是心灵深处的智慧。他的"智商中的脂肪"理论让我受益匪浅。彼此尊重、及时沟通,任何时候都不让智商出现脂肪,对于搞好我们与父母的关系来说,真的非常重要。

话外音:差异

代沟的存在,很容易造成父母和孩子之间看问题的差异。以平和的心态,采用恰当的方法处理这些差异引发的不同观点甚至矛盾,不但不会影响亲子之间的沟通,反而能增进彼此的感情。也正是在不断沟通的过程中,父母与孩子之间才会互相加深了解和增进感情。有人说:换个角度看问题,问题很容易;换个心态看问题,人生很多彩。的确不无道理。

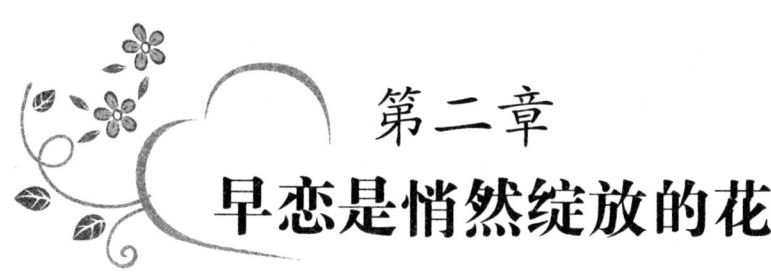

第二章
早恋是悄然绽放的花

早恋是悄然绽放的花

> 回避绝对自然的东西,就意味着加强,而且是以病态的方式加强对它的兴趣,因为愿望的力量同禁止的严厉程度是成正比的。
>
> ——罗素

早恋是一个敏感的字眼。许多家有初中生的父母,甚至一听到这两个字就紧张兮兮、如临大敌。

毋庸置疑,家长出现这样的反应不是没有道理。据了解,早恋现象的高发期在初中时期,目前有42%的青少年有过早恋的经历。早恋不仅会分散精力、影响学习,而且中途分手、感情冲动等行为,还会给双方情感和心理造成创伤,有害身心健康。

实际上,进入青春期以后,少男少女的生理和心理正走向成熟,对友情的需求,对异性的好奇,加上浪漫的幻想,会在异性之间产生交往的渴望,甚至可能萌发对异性的好感或者爱慕之情。这都是青春期的正常现象,是自然而又美丽的事。正常的异性交往不仅有助于了解异性、学会与异性相处,还能够相互促进和共同进步,可以为将来的事业和生活等奠定良好的基础。

所以,针对早恋现象的存在,家长们不必大惊小怪。只要给孩子正确的引导和恰当的疏导,及时帮助孩子理智地处理这份感情,因为早恋带来的不良后果可能就不会出现。

那么,一旦发现孩子出现早恋现象怎么办?本章中许多家长的做法很值得大家反思和借鉴:直接或者委婉地告诉孩子深陷早恋的危害,与孩子一起分析早恋的危害和双方的将来,让孩子自己主动终止关系;教孩子学会将那份美好的感情留在心底,将精力转移到学习和有益身心健康的活动上去,从而避免或停止早恋;采取措施、因人而异,想方设法帮助孩子摆脱早恋等等。

有些花朵可能没有结果,但只要曾经美丽过。只要家长用心对待和正确引导,即使早恋之花悄然绽放,也不会成为少男少女们健康成长的绊脚石,在家长的陪伴之下,他们依然可以让美好的青春在生命的四季飞扬。

要忍，不要残忍

熊家玮，男，14岁，金牛座，学习优秀，性格外向，志存高远，体健貌端。自我评价：本无意与众不同，怎奈何品位出众。最喜欢的格言：人生最大的遗憾莫过于错误地坚持和轻易地放弃。

那天在家看电视，一则省台播放的新闻让我和妈妈都瞠目结舌：安徽砀山一位15岁的少年，因为母亲反对他早恋，竟然一气之下把母亲掐死了。

看完新闻，妈妈死死地盯着我，持续了足足有半分钟。平时弹指一挥的半分钟，今天只是因为妈妈恐怖的眼神，却显得相当漫长。

"怎么啦？不就是一则新闻吗？"被妈妈看的浑身不自在，我故作轻松地问。

"你会不会也像那个男孩恨他妈妈那样恨我啊？"妈妈极其严肃地问我。

"切，怎么会？我怎么能和他一样呢！"我一脸不屑。

"有想法就及时说啊，我可不希望你憋在心里，然后残忍地爆发！"妈妈依然严肃认真地说，看得出她丝毫没有开玩笑的意思。

"放心吧，放心吧哈！"我不好意思地安慰妈妈，我知道她想告诉我什么。

因为，我也是"早恋患者"，也正被妈妈竭尽全力地反对着。

我是初一时开始喜欢夏蓝的。她是学校播音室的主持人，我认识的男生没有不喜欢她的。当然，能够被她喜欢，我也感觉自己很有面子。

不料，"早恋"的小草刚刚萌芽，就被妈妈发现了。这一发现对妈妈来说不亚于遭到五雷轰顶。她的儿子，我，一个志存高远、立志非北京大学不上的高材生，竟然在初二的大好年华里，谈起了什么恋爱。

妈妈为此大发雷霆，"天真幼稚"、"危害无穷"等各种词汇铺天盖地对准我轮番轰炸了大半天。当然，我家的网线也被活生生地剪断了。

从此以后，生活上稍有不慎，或者学习上稍一出错，妈妈就借题发挥、接二连三地批评我，说什么"都是早恋惹的祸"，如果继续下去，我迟早会变成一个不可救药的"早恋患者"等等。

我表面上口口声声答应不再和夏蓝交往了。但是,哪有这么简单的事情?她学习成绩很一般,我又那么好为人师,所以她就经常打电话问我问题。恰巧她问的问题我都会,我能不给她解答吗?在电话里解答问题可不是一两分钟就能解答清楚的。于是,只要通话时间一长,妈妈就慌里慌张,要么坐在一边洗耳恭听,要么冲过来伸手就摁暂停。

这样的事情多了,我也就忍耐不住了。我的什么"早恋",仅仅是我经常听夏蓝的广播、她时常问我问题而已。我从来没有单独和夏蓝约会过。所以,有时妈妈一紧张,我也就抓狂,忍不住冲她咆哮起来。

有一次,夏蓝给我打电话,征求我对她们即将播出的稿子的意见。我们正认真地讨论着呢,妈妈冲过来就把电话线拔了,而且还非常生气地说:"我看这个小妮子也不是什么好孩子。开家长会的时候,我特意观察了她的妈妈。鱼尾纹都能夹得住烟卷的人了,还穿着超短裙。这样的妈妈能教育出一个知书达理的好女孩儿吗?要是这个小妮子再勾引你,我就去找你班主任去。"

听着妈妈口无遮拦的话语,我也气不打一处来:"你看看,这些话是你一个高素质的人说的吗?人家不就是觉得我学习好,愿意向我请教吗?你至于这个样子吗?我可忍无可忍了啊,你要是再继续这样不可理喻下去,我可不客气了!"我竟然也口出狂言了。

"我可不客气了",当时究竟是什么意思,其实我也弄不明白。但是,现在,看了这个掐死妈妈的少年的故事,妈妈一定是联想起我说的话了,然后才有那样沉重的反应的。

可是,我是谁啊?残忍的人伤害别人,善良的人伤害自己。我可绝对不能做出那样丧尽天良的事情。我知道,在所谓早恋这个问题上,无论妈妈怎样小题大做,都是处于对我的关注和爱护。所以,我宁愿忍,绝不残忍。

话外音:强制

有时候,即使是采取"暴力手段",也不能强制某些事情中断,在早恋的问题上尤其如此。对正处于逆反期的初中孩子来说,父母即便是出于对孩子的关注和爱护而采取的强制措施,一旦处理不当,结果很可能适得其反。

原来这个过程很美

陆子寒,男,14岁,水瓶座,网络高手,喜欢篮球。自我评价:胸怀宽广,热情开朗。最喜欢的格言:悲观的人,在山脚看世界;乐观的人,在山腰看世界;达观的人,在山顶看世界。

偶喜欢晓彤,这在我们学校是众人皆知的事。积极广播这一纯属1号机密的不是别人,正是我那身为教师也一直好为人师的妈妈。

晓彤是我小学同学的同学,漂亮文静,多才多艺,成绩优秀,堪称是校花级的人物。虽然不在一个班里,但我对她可谓一见钟情。可惜我读小学时太贪玩,学习成绩老是跟在全班同学的屁股后面。每次考完试,只要看看我的排名,你就知道我们班有多少人了。

遇见晓彤并知道她的真实情况以后,这样不堪一提的历史让我感到郁闷和自卑,所以根本就不敢表白什么,只能偷偷地喜欢。我怕万一晓彤一口拒绝,我就没有了任何回旋的余地。

有一次,我奉命跟着妈妈去参加她的大学同学聚会,令人意想不到的事情竟然就发生在了我的身上。我惊喜地看见:站在妈妈一个女同学身边的,竟然是我几乎日思夜想、梦寐一见的晓彤。

这个本来我极其不愿意参加的聚会顿时蓬荜生辉。但是,一看见晓彤,我的心却开始狂跳不已,我不知所措,情不自禁地挠挠头发,后悔早上没有洗头,发型可能杂乱无章。可能我只想自己头发的事了,根本就没有听见妈妈们在说些什么。直到妈妈捅了我一下,说:"想什么呢?人家晓彤跟你打招呼呢。"

我只好"嘿嘿"干笑了两声,但仍然不知道该说些什么。晓彤只是微笑着,没再说话,好像已经知道了我的心事似的,默默化解着我的尴尬。真是心有灵犀啊!

那次聚会,吃了什么、说了什么,我一概不记得了。我仿佛成为晓彤的跟屁虫,她走到哪儿我就跟到哪儿;也好像成了她的服务生,端茶倒水,殷勤得连我自己都觉得有点不可思议。幸亏那天二代不多,否则,怎么会有这样的美差落在我的头上啊。也许是老天爷被我的诚心打动,愿意给我机会吧,晓彤听说我的英语基础较差,就主动提出要帮我补习英语。我禁不住心花怒放。

聚会结束以后,妈妈们热热闹闹地告别,我也用行动对晓彤表达了自己的依依不舍。回到家里,我兴奋不已,忍不住打开日记本抒发感情,把自己对晓彤的好感一一列举,并坚决地表达了为了赢得她的好感而奋起努力的决心和信心,然后才熄灯睡觉。

第二天早上,睡意蒙眬中有人坐在我的床前。我睁眼一看是妈妈,她手里拿着我的日记本乐开了花。我窘迫万分,无地自容,赶紧用被子蒙上了头。

妈妈哈哈大笑着把我拽出来,说:"好事啊!晓彤又文静又漂亮,而且学习好,能当她的婆婆是我的福气啊。"

本以为妈妈会劈头盖脸给我一巴掌,听了她的话我一头雾水。早恋,多么敏感的字眼啊。我们班有几个男生整天被老师弄得灰头土脸的,就是因为早恋。而我的妈妈,也是老师啊,怎么能有这样的反应?

"儿子,你真的喜欢晓彤吗?"妈妈好像很认真地问我。

"啊……嗯……"我承认了。妈妈就像朋友,我没有必要瞒着她。关键是她现在证据在握,想瞒也瞒不了,还不如如实交代。

"我帮你!"妈妈说,"不过你得答应我一个条件:必须向晓彤看齐,认真上课,努力学习,否则,人家是不会看上你的。"

"真的?"我简直不敢相信,妈妈要帮我"谈恋爱",怎么可能?

可是,妈妈动真格地帮助我了。她不仅把我喜欢晓彤的事情告诉了其他老师,还告诉了晓彤的妈妈。于是,上课时我被提问的机会明显增多了,我们两家聚会也多了起来,晓彤帮我补习英语的机会就多了起来,艳羡我的男生就更多了起来。

因为见到晓彤的机会很多,她和我相处很和谐,我心里的自卑和不安大大减少。原先的狂热喜欢慢慢变得平平淡淡,反而学习积极性有了很大提高,学习习惯也开始慢慢变好了。

渐渐地我发现:这场妈妈帮我谈的"恋爱",原来真的很美。

话外音:接受

在循循善诱之下,调皮的马驹也能蜕变成训练有素的战马。父母接受且理解孩子,"心平气和"地为孩子出谋划策,转移孩子的注意力,最终使其安全走出"早恋"漩涡。这种睿智家长的做法,是孩子最容易接受的,也值得我们效仿。

把青春耗在暗恋里

邹国爱,女,14岁,射手座,学习优秀,性格内向,相貌平平,喜欢读书和幻想。最喜欢的格言:要留下人生足迹,必须一步一个脚印;要少走人生弯路,必须三思而后行。生活感悟:有时候,遗忘,是最好的解脱;有时候,沉默,却是最好的诉说。

上八年级的时候,我喜欢上了班里的一个男孩。他学习成绩很一般,性格看上去也有一点儿古怪,整天一脸忧郁的表情,独来独往,不合群,好像也没有什么朋友似的。

但是,我不知怎么就喜欢上了他。有一次学校举行篮球比赛,我被班长怂恿着参加了拉拉队。其实我性格比较内向,也不喜欢体育运动,班里有这种活动的时候我一般是在学校的图书室里看书。

但是那天我还是去了篮球场。在我班女生一阵阵的欢呼声中,他连连进球。我从来没有见过熟悉的人中竟然有这样技术娴熟的篮球队员,他竟然就是。跨步投篮的样子是那么潇洒,简直帅呆了!

我就是在那个时候喜欢上他的。从那以后,我对他的关注也就多了起来。只要有他参加的体育活动,不用班长怂恿,我也会自告奋勇参加拉拉队或者服务队。有时候,他用我递给他的毛巾擦完汗水,就会笑着对我说声"谢谢",露出一对儿可爱的小虎牙,真可爱!不知道为什么,那个时候我竟不知道该说什么,只是默默地盯着他看,而我的心则狂跳不已。

可是,心情激动了没有多久,我就难过地发现我的同桌也已经喜欢上他了。同桌很活泼,长相也漂亮,她能主动有事没事地找他说话,有时候还故意碰掉了他的书本,然后再帮他收拾以赢得他的关注和感谢。

而我不能,我只好独自默默地把心中嫉妒的怒火慢慢地浇灭。我想他可能更喜欢我的同桌,别人的眼里他们两个很适合。我有好几次在卫生间里听见,别的女生和我的同桌谈论到他的时候,那语气里肯定地以为他就是她的。

我真的很无奈,很想放弃对他的喜爱,可是不能。看见他们俩在一起有说有笑,我就倍感失落而越发自卑。

那个学期期末考试,我的成绩一塌糊涂。父母和老师都深感意外,只有我自己知道,那段时间里我的心中装满了什么。

迫不得已,我决定转学。虽然爸爸妈妈对我的决定很不理解,但是他们尊重我的意见。于是,我转学到了另一所学校。我以为我的离开,或许会减少他和她其实是无意中带给我的无奈和伤害。

然而我错了。本想优雅转身,不幸华丽撞墙。转学之后,没有了他的消息,我就更加疯狂地想念他,却又不能对任何人诉说,我真的是感到不知所措。有时候,我甚至冲动地想央求父母,再同意我回到原来的学校去。这样,虽然他是她的,但起码我能天天见到他。当然,这是绝对不可能的事情。这一次转学就费了好大力气,我怎么能再让父母操心呢。

现在是毕业班了,眼看就要中考了,我却还纠结在暗恋的情绪里不能自拔,我好惭愧。可是我又说服不了自己,不去想他,彻底忘掉他。就这样,我把自己的青春默默地耗在了暗恋里。

有时候,我真想大声地告诉他,我,一个学习优秀、温柔善良的女孩儿,是多么喜欢他,希望他也努力学习,争取和我考到一所高中学校里。那样,我就又可以天天看见他了。

可是,我不敢。暗恋是成功的哑剧,说出来就成了悲剧。我曾经在网上看到过这样一个故事:有一个女生暗恋一个男生,而那个男生明恋她的好友。最后她忍不住告诉那男生她喜欢他,结果,悲催了! 悲剧了! 全班都知道她喜欢他而他喜欢别人。她就那样轻易成了全班同学的笑柄。不仅如此,她的好友也不理她了,她也不敢再和他有过多的交往了。最后的结局是以她的转学而告终。

学习累了的时候,我想大概这样也不错。等我长大了或许就会发现,这段耗在暗恋里的青春,其实也没有什么遗憾。因为有一个无法拒绝的开始,当然也就有了一个无法抗拒的结束。

对,只能这样结束。只能!

话外音:自救

关于过去关于你,告一段落;关于未来关于我,敬请期待。早恋把一个善良优秀女孩的心磨炼成一颗谦卑如同野草小花的心,悄悄散发芬芳,默默自我疗伤。对有些孩子来说,自我救赎的能力会让大人不得不刮目相看。对于这样的孩子,家长所能做的最好是顺其自然。

98年的老男人

姚之远,男,13岁,自认为长得很帅,只是帅得不明显而已。曾经斗胆在学校里尝试过抽烟,亲历要拒绝各种不良诱惑,关键在于个人的心路历程。人生格言:千万不要把点当成圆来看。

偶然发现,微博上正热传一个13岁男孩的日志,文摘如下:

马上就要13岁了,单身,身心疲惫,感觉不会再爱了……我自嘲为98年的老男人。看来这是真的了,心莫名的苍凉,似乎不会再爱了,努力做个独立的男人,却抵不过寂寞的撕咬……爱无力了。

也许不会有人相信,读着这段文字,我却深深地感到写的就是我的故事。我刚刚和心爱的若曦分手,正感觉百无聊赖、万念俱灰。

记忆中,我从小与妈妈相依为命,我几乎没有见过爸爸的身影。我不知道爸爸为什么不出现在我的世界里。妈妈是个很冷漠的人,几乎从不与人交往,没有自己的朋友,似乎也不爱我,因为她从来不关心我。我性格很孤僻,好像还有暴力倾向。在学校里,只要和同学话不投机,我就想举起拳头以暴力把风波平息。当然,也只是想象而已,生活中并没有真的付诸实施。

小学的时候,上学、放学我基本都是独来独往,同学们几乎都渐渐淡了出我的生活。好在,我学习成绩还不错,虽然没有朋友,但沉浸在还算优秀的成绩里,我也算有所寄托。

这种状态,自从上了初中遇到我的新同桌若曦以后被彻底改变。若曦是个活泼开朗的女孩,长得不算漂亮,但是一笑露出两颗小虎牙,让人感觉很可爱。因为她学习成绩不好,跟我同桌以后就经常向我请教,而且无论我态度如何傲慢和冷漠,她都丝毫不介意,始终善意地微笑着继续问我问题。有时候,她从家里拿来一些我从来没见过的她爸爸从国外带回的食品给我吃。我们一边吃,她一边讲述不知从哪里搜集来的玩笑故事,逗我开心。

渐渐的,我发觉自己发生了很大的变化。我喜欢到学校去,我喜欢若曦问我问题,我喜欢听她银铃一般的笑声。我也开始搜集一些幽默故事,课间的时候讲给若曦听。我讲述的时候,她睁着明亮的大眼睛,静静地、认真地听着,目光里充满了对我的崇拜。

我不知道这是不是恋爱,但我真的已经很喜欢很喜欢若曦了,一刻也不想离开她。但很不幸的是,我们亲密和谐的同桌关系招来了好事者的羡慕、嫉妒、恨。有人打小报告给班主任说我和若曦谈恋爱。四肢并不发达但头脑极其简单的班主任没经过任何调查就直接电话通知了我的妈妈。

妈妈一直不赞成我交往朋友,从来不许把同学带回家。所以,接到班主任的电话后,妈妈开始认真地跟我谈话。她说男人都没良心都是骗子,女人都下贱都是狐狸精。她让我保持一颗平静的心,专注学习。不但如此,妈妈开始频繁地翻看我的书包。只要发现她不熟悉的物品,就会把消毒液装在喷壶里,对着物品猛喷一番,哪怕是一本课外书。

我觉得妈妈有心理疾病,而且很严重。她还亲自找到了若曦,不但狠狠地批评了她,而且还威胁她若是再勾引我就不客气了等等。善良天真的若曦哪里见过这种阵势,她一气之下转学走了。

只有完美的开始,没有完美的结局。我还没有开始的恋爱就以这样的方式结束了。有人说过:令人不能自拔的,除了牙齿还有爱情。见不到若曦,我觉得心里很痛。我以后不会再喜欢任何女孩了。我虽是98年出生的刚刚13岁的男孩,但我不想再糟蹋"青春"俩字儿了,我显然已经"立秋"了!不,我感觉自己已是沧桑老人。

可是后来,我从姥姥那里听说了妈妈的故事。爸爸是外地人,来这座城市经营着一家小店。刚刚技校毕业的妈妈与爸爸一见钟情,很快结了婚,然后生了我。可是,我出生后不久爸爸就偷偷地把小店转给了别人走了,从此杳无音信。妈妈满世界找不到他,因为她连他的老家在哪里都不知道。所以,妈妈整天沉默寡言,到现在也一直走不出这个阴影。

看来,感情有时只是一个人的事。爱或者不爱,只能自行了断。唉,再见了若曦,如果有缘我们一定还会相见。我要努力学习,开拓出另一片属于我的天地;我要给妈妈温暖,改变妈妈的观念。

话外音:释怀

无论受过怎样的伤害,都应该在阴霾中努力找回阳光心态,都要学会释怀。家长仕凭一片流动的阴云永远地遮住自己心中的阳光,也会影响到孩子的健康成长。所以为了孩子,即使历经磨难,也不能放弃寻找属于自己的另一片天空。

有些花朵可能没有结果

鞠紫,女,13岁,巨蟹座,温柔善良,文静漂亮。喜欢阅读和写作,有文章经常见诸报刊。最喜欢的格言:心是苦的,人生便如苦海无边;心是甜的,人生处处都是曼妙风景。

虎子家终于要搬走了,搬到我神往已久的上海去。

我站在阳台上,隔着玻璃窗,看着虎子向我挥手的样子,泪水模糊了我的眼睛。虎子,我真的不愿意和你分开,我会想你的!

我和虎子算是青梅竹马,一起长大。很小的时候,虽然他爸爸是老板,家里很有钱,而我爸爸妈妈都是普通的公司职员,但我们住在同一个小区里,只不过他家是别墅,我家是普通楼房。

但是,住房的差异并没有影响我俩的友谊。虎子活泼好动,我善良文静,因为在同一个幼儿园上学,所以我俩特别喜欢一起玩耍。上了小学以后,虎子更是自觉担当起了保护神的角色,每天放学,一直先护送我回家,然后他才回到他的别墅。有时候他干脆在我家写完作业,玩一会儿再回家。

我妈妈爸爸都很喜欢虎子。虽然家里非常有钱,但是在他身上丝毫看不出某些有钱人飞扬跋扈、不可一世的影子。他喜欢吃我妈妈做的饭菜,喜欢和我爸爸一起下棋。看得出,我的爸爸妈妈快要把虎子当做自己的儿子了。

虎子的爸爸妈妈工作很忙,应酬很多,很少有时间照顾虎子,他家里的一切都由一位保姆在打理。虎子说保姆很勤快,但是家里没有我家的欢乐气氛,他喜欢我家。

"喜欢你就经常来好了!"爸爸有一次开玩笑说,"大不了收你为女婿。"

妈妈笑着说:"你别胡乱想了,虎子将来是要做大事情的,看不上你家的闺女。"

虎子不好意思地笑着,拿眼睛瞟着我,脸竟然红了。

我也很不好意思地瞪了爸爸一眼。爸爸笑着摇摇头,以后就不再随便开这样的玩笑了。可能他发现,我和虎子真的不是小屁孩了。

确实是，我也发现自己开始因为虎子而妒忌别人了。有一次，看见他和一个漂亮的女孩在说说笑笑，我竟然醋意大发，好几天对他不理不睬。他莫名其妙了好长时间并经我提醒以后才明白，然后一再保证不再惹我生气了。

我的学习成绩很好，虎子差一些。在我坚持不懈、苦口婆心地教导之下，虎子的学习成绩也在飞快地提高，这也是他的爸爸妈妈一直允许他来我家玩耍的主要原因。

小学毕业以后，我就近升入了一所普通初中。虽然虎子多次对我说他想和我一起上这所初中，但在父母的百般劝说之下最终迈进了一所贵族学校的大门。那所学校的收费昂贵，据说能进入那所学校的学生，不是"官二代"就是"富二代"。贵族学校里实行封闭式管理，学习条件、住宿设施皆一流，既能省去家长照顾孩子的时间，还可以帮助孩子积累丰富的人脉资源，为以后的事业发展早做打算。这是虎子的爸爸妈妈三番五次对虎子强调的。

从此，虎子来我家的次数明显减少了。他两周才回家一次，他的爸爸妈妈又给他安排了各种各样的交际活动。但是只要有时间虎子就来我家，和我交流一下学习情况、新同学状况等等。每次时间很短，我们都感觉很愉快。每次虎子来我家，爸爸妈妈总是像以前一样热情招呼他，仿佛我们就是一家人。我知道，爸爸妈妈像我一样很喜欢这个长得越来越帅气、个头已经一米八的男孩子。

可是，虎子要搬走了，在这个八年级的下学期，在这个寒冷的冬天。知道这个消息时虎子和我都眼含热泪。但是没有办法，我们能够选择的只有分别。我们击掌相约：四年以后，北京大学再相见。

我站在阳台上，直到载着虎子一家的车队消失了也不愿意离开。妈妈轻轻地走到我身边，说："你们都还小，一定还有机会见面的。"

我的眼泪不听话地流出来了，我真的非常感激妈妈的理解，其实我和虎子仅仅也是彼此喜欢，互相鼓励，别无其他。之所以有这样自然温暖的交往，真的离不开爸爸妈妈敞亮的胸怀。感谢父母，陪伴我度过这一段没有危险却很温暖的早恋时光。

话外音：胸怀

家长心如鸟翼，孩子就有可能拥有翱翔整个星空的翅膀。父母若能有宽广的胸怀，不仅能帮助孩子妥善处理情感问题，还能引导孩子学会把残酷的现实变成美好的期待。

爱，经得起等待

魏姿羽，女，14岁，水瓶座，活泼开朗，意志坚强，喜欢写作和数学。因为爱憎分明、好打抱不平，被众多男同学戏称为"麻辣女生"。最喜欢的格言：为理想而放弃自尊，好过为自尊而失去理想。

爸爸举办了庆祝晚宴，参加的人员除了我们一家，还有赵晖一家。庆祝的理由是：我和赵晖都考入了理想的高中，既是高调庆祝我俩初中生活的胜利结束，也是低调预祝高中生活的良好开始。

我们六个人都很开心，尤其是两位妈妈，显得格外激动。因为在九年级的一年里，为了我和赵晖的"恋爱"，她们俩可谓是胆战心惊、如履薄冰、不得安宁！

事情是这样的。我妈妈和赵晖的妈妈是单位的同事，我和赵晖又是同年同月出生，所以幼儿园、小学、初中一直是同班同学。年纪小的时候，赵晖的妈妈一见到我，就开玩笑地让我叫她"婆婆"；我妈妈一见到赵晖，就嘻嘻哈哈地叫他"女婿"。

随着年龄的增长，大人们开始注意照顾我俩的感受而不再这样称呼了。可是，我和赵晖却真的产生了朦朦胧胧的情感。尤其是八年级以后，我们彼此都非常喜欢对方，属于超越普通同学的那种喜欢。

赵晖喜欢打篮球，我是他最忠实的粉丝。只要他出现在学校的篮球场上，我无论怎么忙，都要站在篮球场外给他照看衣物，并大声为他加油助威；赵晖的每一次潇洒的投篮，都会引得我不由自主地大声尖叫。在别人惊奇的目光里，我被幸福的感觉深深地包围着。

赵晖对我也是喜爱有加，甚至到了痴迷的程度。文笔极好的他除了给我写绵绵情书，还会在纸上一遍一遍地反复写我的名字。有一次他写道：世界上有种超凡脱俗叫做魏姿羽；世界上有种风情万种叫做魏姿羽；世界上有种惊心动魄叫做魏姿羽；世界上有种非你勿想叫做魏姿羽；世界上有种想对她爱爱爱不完的人叫做魏姿羽……不料，这张还没有写完的纸条被班主任发现了，然后立即通知了我们各自的家长。

一定会有一场暴风骤雨降临到我们的头上,我想。可是,接下来的日子里没有任何迹象显示,对于这件事情,我们的家长很生气,后果很严重。

更让我们惊讶的是,班主任忽然找到我俩谈话,说:"你们的妈妈都告诉我了,说你们俩青梅竹马,从小要好。现在你们两个人一前一后坐在教室里,上课时老师们发现你经常回头看赵晖,赵晖也总是冲你傻笑,是不是?"我们都不好意思地点点头。

班主任又说:"两个人互相关心是好事,但是这样身在两处、心在一起的状况可能会影响学习。这样吧,只要你们承诺,期末考试你俩各科成绩都是A,我就让你们俩同桌。"

"真的?"这种处理方式让我们都很感意外,但满怀欣喜。于是,为了成为同桌,我和赵晖不再眉来眼去谈情说爱,而是分秒必争、刻苦努力学习。终于,功夫不负有心人,本来学习基础就不错的我们,在期末考试中,各科成绩都是A。班主任也兑现她的承诺,让我们两个坐在了一起,成了同桌。

成了同桌,我们当然兴奋不已,没有了牵挂和猜忌,可以一门心思学习,学习劲儿头更足了。

这时候,妈妈们分别找我俩谈话了。妈妈对我说:"我知道你喜欢赵晖,我也很喜欢他。但是,他学习成绩比你优秀,你要是真的喜欢他,估计你得加把劲儿,要跟他站在同一水平线上,这样你才有可能和他考入同一所高中。"我觉得有道理,答应妈妈安心学习。

赵晖的妈妈找赵晖谈话,说:"我知道你喜欢魏姿羽,我也很喜欢她。但是我提醒你,如果你真的喜欢她,就好好地帮助她提高学习成绩。否则,一旦你们考不上同一所高中,事情就不可能有结果了。另外,你是男孩子,你喜欢她就一定不要做伤害她的事情。"赵晖觉得很有道理,就安心帮我学习。

中考结束后,我俩都以优异的成绩被重点高中录取,于是,就有了开头的一幕。

有句话说:真爱,经得起等待。我不知道我和赵晖的互相喜欢算不算真爱,但父母用行动让我们明白:在等待长大的过程中,把纯真的情感化作前进的动力,并且让它创造更美好的未来,一定是真爱。

话外音:同步

留有余地,方能留有余力。双方家长迈着相同的步伐,踏出了优美的节拍,让两个优秀的孩子在收获成绩的同时,也逐渐懂得了真爱经得起等待的道理。

被逼出来的"早恋"

孔黎明,男,14岁,金牛座,大名鼎鼎的98后校园歌手,初三(四)班的标杆人物,初三年级的流行语言制造者。最喜欢的格言:梯子的梯阶不是用来搁脚的,它只是让人们的脚放上一段时间,以便让另一只脚能够再往上登。

我接完魏子琪的电话还未坐下,妈妈就又忍不住开始对我进行"早恋有罪"的"轰炸"。

我已经习惯了,因为我知道妈妈是受了刺激才这样神经质的。

事情源于一个事实:有段时间,物业张贴通知说小区里白天也有被盗的事情发生,提醒业主要提高警惕,互相关照。有一天妈妈在家休班,忽然听到家门外有不正常的动静。她立刻警惕地走到门口,猛地打开防盗门上的小窗户。可是,映入眼帘的事情却让她吃惊非小、尴尬无比:一对穿着校服的中学生正抱在一起接吻呢。

听见有人突然打开小门窗,那男孩赶紧拉着女孩下楼。据妈妈讲,更加不可思议的是,临走的时候,那女孩子还不忘回头瞪了她一眼呢。

妈妈很震惊,也很生气:"怎么能这样呢?才上初中啊!明明是他们做得不对,弄得我倒像是偷窥人家隐私似的。"她愤愤不平。

从此,妈妈对我的行踪和言行就格外留意、格外上心。我和魏子琪的事情,就是在这样的背景下发生并发展的。

有一个星期天下午,我和同学相约一起看电影,问妈妈要钱。妈妈正在洗手间,让我自己从她的手提包里拿。我打开妈妈的手提包,意外地发现里面有一封信,已经被拆开了,而收信人竟然是我。

我看到后十分生气,妈妈也是大学毕业生,怎么能犯偷拆他人信件的错误呢!我拿着信件质问妈妈,没想到妈妈却理直气壮、振振有词。

妈妈严肃地说:"实话告诉我,你是不是开始搞对象了?你们以为信上写的是英文我就看不懂啦?幼稚!以后绝对不允许再有这样的事情发生。"

我一看信的内容,连忙向妈妈解释。信是我们学校的另一个班的魏子琪寄来的,我们都是学校学生会的成员,她邀请我在这个周日去她家讨论成立学校英语论坛的事情。去她家是因为她妈妈是英语老师,可以帮助大家提一些合理的意见和建议。再说了,收到邀请的也不光我一个人。

但是,妈妈听了我的解释并没有消除疑虑。她十分肯定地说:"那个魏子琪我了解,不就是你的小学同学吗?上小学的时候就整天风风火火的和男孩子混成一片,我一点儿也不喜欢。参加讨论还用写信通知吗?直接跟你说一声不就行了?她一定有别的想法。我告诉你,我绝对不会眼睁睁看着你上当。"看着妈妈如此固执,我真的感到没有办法。天地良心,我和魏子琪就是普通的同学关系,我们之间什么事情也没有发生。

在以后的很长时间里,妈妈就像着了魔一样,喋喋不休地对我进行"早恋有害、回头是岸;一步走错、悔恨一生"的"轰炸"。

因为没有按时去参加讨论,我找魏子琪解释了发生的一切。子琪听了不但没有责怪我,还表示非常理解我妈妈的心思,并劝我要和妈妈好好沟通,消除代沟。

看到魏子琪这么通情达理,我很感激她。通过这件事情,我觉得她不但热情开朗,而且善解人意,值得做朋友。从此,只要有了烦心事,我就告诉魏子琪。子琪也总是默默地听我诉说,然后和我一起想办法解决。

随着交流机会的增多,彼此了解逐渐加深,我发现自己深深地喜欢上了这个活泼的女孩子。终于有一天,我忍不住给魏子琪写了一张字条:"I LOVE YOU(我爱你)"。忐忑不安中看到魏子琪也给我写道:"I LOVE YOU TOO!(我也爱你)。"

从此,偷偷摸摸地,我们义无反顾地加入了"早恋"的队伍。妈妈可能永远也不会想到,她就是我们萌发情感的导火线和催化剂。

话外音:妄念

有人说,用手掌接住闪电,然后挽一个光芒四射的结儿,那只是美丽的妄念。杜绝孩子早恋,有时候就是一个妄念。家长本是处于爱子心切的不恰当的行为,却把男女同学之间的正常交往,推向恋爱的方向。

我只是一个捧场的人

国风扬,男,14岁,天秤座,聪明认真,老实本分。自我评价:作为一个怪兽,我的愿望是至少消灭一个奥特曼。最喜欢的格言:不要把自己看得太强,以致无视外因的成就;不要把自己看得太轻,以致成为他人的踏板。

昨天在公交车站等车的时候,看见有两个穿着校服的看样子也就读初一的男女学生,刚刚从补习学校的大门出来,先是手牵着手一起过马路,后来,竟然站在马路中间的栅栏边忘情地 kiss,完全不顾及身边来来往往的人。

又是一对儿"恋爱"患者。对于我这样一个即将初中毕业的人来说,这样的事情已经成为过去。我现在只是怀揣着考上北大或者清华的梦想,为生命而飞,为自由导航。

其实,曾经我也"恋爱"过,只不过现在看来,当时只是一个捧场的人。

读小学的时候,班里也有谈什么恋爱的人,但都是学习成绩很差的。我的妈妈和老师都说过,这些人闲着无聊才谈恋爱打发时间,像我这样成绩突出、志存高远的优秀男,是没有时间也不能谈恋爱的。那时候,我觉得谁要是谈恋爱,简直就是用行动证明自己是差生。所以,我不屑地看着那个谈恋爱的人群,远远地躲避着。

考入初中以后,班里的大部分同学都是原来学校的佼佼者,学习成绩出类拔萃,都在铆足了劲儿继续名列前茅。所以,班里有个别人被传言谈恋爱,也都是些托关系走后门进来的待优生,不值得关注。

可是,七年级下学期开始的时候,我们班里竟然有几个学习优秀的人也开始谈起了恋爱。这让我大跌眼镜。谈恋爱不是差生的事情吗?影响了学习怎么办?但是,看着他们整天很开心的样子,我也开始有点好奇和羡慕了。

直到有一次,我班里的数学大王聂武仁悄悄地对我说:"你知道什么啊,现在谈恋爱,证明你有魅力,与时俱进!而且,有了一个倾诉烦恼的女朋友,还能摆脱作为独生子女的压抑感和孤独感呢。"

我感到很好奇,恋爱真的有那么神奇的力量吗?如果不尝试一下,是不是我的初中人生就不完美了呢？我的心里开始打起了小鼓。可是，放眼望去，班里也没有一个我喜欢的女孩啊，和谁谈呢？

刚刚产生这个想法的时候，机会就不请自来了。那一次，学校举行演讲比赛，这可是我最拿手的项目。精心准备之后，热烈的掌声中，我夺得第一名。就在我们等待学校领导颁奖的时候，坐在我旁边的一个女生主动和我说话，她是第二名，她叫兰格，另一个班的，长得挺漂亮。

她笑着跟我打招呼，眼睛明亮有神，简直就像天使。看样子她比较喜欢我吧，我偷偷地想，就是不知道她谈恋爱了没有。

那天，我们小声地近乎耳语了很多话题，我感觉和她交流起来很舒服，我们互相留了QQ号码和家里的电话号码。理所当然，自那以后，我们的私聊就多了起来，参加活动的时候也经常眉来眼去。我不知道这是不是传说中的恋爱，但是我很投入，顾不了其他了。

洞察力很强的数学大王最早发现了这件事。他向我祝贺的同时，还怂恿我学习电视剧里的男主角，勇敢去爱、大胆表白，这样显得自己有男子汉气魄。

我没敢轻易采取行动，我不知道何时表白合适。关键是，我并不清楚自己要表白什么。正在疑惑着呢，意想不到的事情就发生了。

不知谁惹是生非，告诉兰格的班主任说她和我谈恋爱。兰格的班主任以"古板保守、小题大做"而闻名全校。不出所料，班主任告诉了兰格的父母，兰格的爸爸竟然当着班主任的面给了兰格一个耳光。不仅如此，班主任还以"早恋"名义取消了兰格的入团资格。

这个过程发展迅速，没有人愿意听我们解释。兰格非常委屈，我则非常内疚。我们分头郁闷了很久很久，各自的学习成绩也一落千丈。为了省去各种麻烦，我们决定专心学习，不再单独交往联系。

虽然，这件事情至今我也无法释怀。但是我知道，目前，在恋爱的舞台上，我还只是一个捧场的人。

话外音：眼光

眼睛能看到的地方需要视力，眼睛看不到的地方需要眼光。看到同学有了异性朋友而懵懂地效仿，这是初中生正常的心理现象。但老师的武断和家长生硬的阻拦，却使两个优秀孩子的情感幼苗过早地受伤，说明老师和家长的眼光还不够长远。

哦，我恋爱了

梁景欣，女，14岁，处女座，长相比较特别，学习比较认真。自我评价：我的心是个集体宿舍，里面住着书虫、淑女、大妈、萝莉、天使、恶魔……他们轮流当着宿舍管理员。喜欢的格言：不要妄想事情变得简单，还是期待自己能做得更好吧。

周六下午我在家写作业，刚刚回到家的妈妈说自己的手机没有电了，要用我的手机给小姨打个电话，我不假思索地就给了她。

就在那个时候，同住本单元的我的同学小茜敲门喊我一起去溜旱冰。我赶紧拿起溜冰鞋就急急忙忙出了家门。

我们俩准备一起骑自行车去旱冰场，可是一打开储藏室的门我才想起忘记拿自行车的钥匙了。于是，我就赶紧上楼回家拿钥匙。

可是，当我回到家里以后，眼前的一幕让我瞠目结舌：我的妈妈正坐在沙发上，用我的手机登陆了我的QQ，专心地偷看我的聊天记录呢！

我顿时怒火中烧，以前发生过的类似的事情一股脑地浮现脑海。

"你干吗侵犯我的隐私权！"我一把夺过手机，毫不客气地大声说。

"谁让你那么神秘的？成天鬼鬼祟祟的，和同学有什么秘密？你才多大年纪，就这么喜欢梳妆打扮？你是不是有男朋友了？"妈妈语无伦次，似乎也怒不可遏。

我不再说话，我知道自己的QQ聊天记录惹恼了妈妈，或者是刺激了妈妈的神经。她已经对我说过好多次了，不能和男生交往过密，女孩子家要含蓄，要矜持，要举止得体。

就在昨天，我和我们班的小帅聊天的时候，我还叫他"亲爱的"呢。妈妈一定是看到了，而且不容置疑地肯定，我开始谈恋爱了。

其实妈妈不知道，我们班的男生女生们之间几乎都叫"亲爱的"，就如同"哎"那样普遍而没有其他含义，只是表示我们已经非常熟悉而已。另外，现在都什么年代了,大家不仅仅喜欢女生的文静、喜欢女生的含蓄,我觉得女生的热情和活泼开朗照样是非常受人欢迎的优点。而我,虽然是女孩子,恰恰没有遗传妈妈的含蓄文静,却不折不扣地遗传了爸爸性格中的奔放热情。我们班的男生女生都对我称兄道弟,我感觉挺好的,为什么妈妈就肯定我谈恋爱了呢?难道是因为我最近几次单元测试成绩下降的缘故吗?

我回到屋里,准备给小茜打个电话取消今天溜旱冰的约会,我想自己必须和妈妈好好聊聊了。可是,我刚刚拨通了小茜的手机,妈妈就板着脸推门进来,大声地问我:"实话告诉我,你是不是谈恋爱了?和谁?那个小帅吗?"

我忽然感到无话可说:"哦,我谈恋爱了!"我没好气地说完,打开家门就离开了。我真想离家出走,根本就没有发生的事情,妈妈却执意肯定自己的猜想,而且丝毫不容我解释。其实为这件事情我已经解释好多遍了,妈妈根本就不相信。我甚至开始怀疑她是不是我的亲妈,这么不信任自己的女儿,好像我不谈恋爱她就不罢休似的。

我来到楼下,小茜看出了我的不愉快,就问我发生了什么事情。我简单地和她说了一下,没想到她在家也遇到了同样的问题,自己也正为此而苦恼着呢。看来,喜欢疑神疑鬼是家长的通病。

我们俩无精打采地来到旱冰场,根本就无法尽兴地玩,只好早早结束就赶紧回家了。我想回家和妈妈谈谈,和妈妈赌气不是办法。我们是90后的女孩,文静含蓄不是我们女孩唯一的优点;我没有谈恋爱,暂时也不想谈;我视同班同学为兄弟姐妹,就那样聊天说话;我们有自己的心理世界,我非常不希望妈妈对我的任何事情都要关注,都要弄得一清二楚。

但愿,发现了宝贝女儿的"秘密"之后,大动肝火的妈妈现在已经消气了。沟通是我们最好的办法,思想品德老师说的。我不想和妈妈误解下去,那样对我们母女俩是有百弊而无一益。

我回到家里,厨房里灯火通明,还有妈妈走来走去忙忙碌碌的身影。

"妈妈,你'谈恋爱'的女儿回来了。"我倚在门框,满脸坏笑地说。

话外音:猜测

亲子关系的天敌是无端的猜测,破解的密码是真诚的沟通。孩子只是对异性同学有好感,就被家长贴上"早恋"的标签,缺乏沟通和无端猜测是母女出现矛盾的导火索。

我替祖国谢谢你

金语萱,女,14岁,水瓶座,活泼大方,温柔善良,喜欢读书和写作。自我评价:野心虽然很小,但是对幸福的理解力和感知度却很高,一直努力把波澜不惊的生活过得荡气回肠。看到的最有感触的一句话:流行的未必是好的,例如流行性感冒。

进入毕业班了,本来应该是集中精力迎接中考的关键时刻,可是,我满心欢喜却也忐忑不安地发现:我恋爱了!

我喜欢上了隔壁班的一个很阳光很帅气的男孩,他学习很好、体育很棒。每一次放学回家的路上,我都故意走得很慢,看他从我的身旁骑车而过,然后回头给我一个灿烂的笑容,我就会心满意足地兴奋大半天。

期中考试以后,我的学习成绩几乎是一落千丈。爸爸妈妈不但没有批评我,反而难得一见齐心协力地帮助我分析失利的原因。在他俩火力强大的轮番的狂轰滥炸之下,我终于坦白从宽:因为我喜欢上了一个男孩,所以上课经常走神,精力难以集中于学习。

本想勇敢地再次迎接一场狂风暴雨的袭击,甚至是想象中的拳脚相加。但出乎意料的是,爸爸妈妈对我的什么恋爱不但不以为然,还以嘻嘻哈哈的态度待之。

爸爸说:"怎么,我闺女现在就想搞对象了啊!"

"不要说得那么难听好不好!"听爸爸这样说话,我竟然感到很不自在。

"难道不是吗?"爸爸异常平静的样子,一边嚼着妈妈递过来的苹果,一边仿佛陷入了美好的回忆。

"要想搞对象,你还真得向你妈妈学习。"爸爸故意卖关子。

"向妈妈学习谈恋爱?为什么?"我已经忘记了自己正在挨批评的事情了,督促爸爸赶紧快点儿说清楚。

爸爸慢条斯理地说:"我和你妈妈是初中同学,同级不同班。你妈妈那会儿可漂亮了,据我所知,想成为你妈妈的护花使者的男孩子,简直能同时踢两场足球赛了。你爹我当时也是其中的一员,我真的是拼死拼活地追呀!但是自己的条件实在不怎么样,要啥没啥,这让我很是自卑。怎么办呢?我冥思苦想后发现:你妈妈很喜欢学习好的男孩子,所以学习好对我来说就变得特别重要。于是,我就努力学呀学呀,终于以全校第二名的好成绩考上了重点高中。"

"后来呢?"我觉得很有意思,他们可从来没有告诉过我这些趣事儿。

爸爸有点得意忘形了:"后来,我发现你妈妈开始对我刮目相看,就更加有学习的劲头儿了。那个时候学习成绩是我引以自豪的战胜他人的唯一武器。当然,为了获得好成绩,我一边刻苦学习一边积极锻炼身体。好的身体才能保证我不生病,不生病才能不请假,不请假才能不落下课。终于,真的是功夫不负有心人啊,高考之后,我不但以优异的成绩被全国重点军校录取,而且在我的坚持不懈的努力之下,很快就成长为一名德才兼备的高级军官。当然,喜欢军人的你妈妈,也就乖乖地被我征服了。"

爸爸得意洋洋地沉浸在对辉煌往事的回忆里,丝毫不顾及妈妈三番五次地递眼色。

最后,爸爸眯着他那不大却锐利的眼睛,对我说:"你要是有你妈妈的本事,也能培养出一个像我这样的高水平的高级军官,你就搞对象好了。我不但不干涉,我还得替祖国谢谢你呢!"

我做个鬼脸,赶紧离开。我知道,父母根本就不喜欢我谈什么恋爱,不怕影响我的学习和生活才怪呢。可是一旦我真的出现早恋,崇尚民主的他们又无法暴力制止,只好通过讲这个不知真假的故事,提醒我把喜欢化作学习的动力。

回到自己的屋里,我感慨万千。我还不知道人家是否喜欢我呢,我自己的学习和生活已经受到影响了,哪里有什么资本去培养人家呢?还是先好好学习,努力让自己变得更加优秀,长大以后再谈什么恋爱吧。

话外音:智慧

智慧是上帝洒落到人间的花朵,幽默的人会用它精心装点自己的生活。面对孩子早恋,家长既不小题大做,也不打骂斥责,而是通过自己的经历和感受,分析早恋的利弊得失,引发孩子产生反思和共鸣。这样充满智慧的家长,一定能为孩子增添自己解决问题的力量。

如有雷同，皆是"杯具"

韩紫苑，女13岁，射手座，情感丰富，意志脆弱，喜欢交友，参与演出的舞蹈《锣鼓》获得全市舞蹈大赛冠军。最喜欢网络名言：有一场战争你永远不会赢，那就是和过去的战争；有一种纠缠注定不会有结果，那就是和过去的纠缠。

我决定离开这个世界，这绝对不是危言耸听。

眼看就要期末考试了，班里的同学几乎都在焦头烂额地做着准备。谁都明白考出一个好成绩，不仅意味着过年可以拿到一笔丰厚的压岁钱，而且还能给走亲访友的父母头上戴上一顶漂亮的光环，让他们骄傲无比。

其实，我也想争分夺秒刻苦努力地学习，但是现在，我的内心正被情感的魔鬼折磨着、纠结着，根本就不能安心复习。

一个月前，和我好了半年多的萧峰忽然对我提出分手。原因是他要去追另一个女孩，这样就能帮助自己的哥们摆脱那女孩的纠缠。

这让我不能接受。萧峰怎么能以这样的理由和我分手呢？没向我做任何解释他竟然就消失了。我非常难过！我喜欢萧峰，这是我班同学人人皆知的事情。现在，突然发生这样的变故，让我在同学面前情何以堪！

我想把这个苦恼告诉妈妈，可是我实在不敢。等我鼓足勇气想和妈妈诉说的时候，我刚刚说了声："妈妈，我爱你！我想……"妈妈就立刻说："直接说吧，要我给你多少钱？"

我感到非常失落，向妈妈倾诉苦恼的念头立即打消了。妈妈整天忙于做生意，而且有严重的重男轻女思想，平时只偏爱弟弟，只关注弟弟的要求，根本就不重视我的想法和感受。

正在苦恼着，纠结着，同学何泽走进了我的内心。他的爸爸妈妈也都是做生意的，平时很忙，根本顾不上关注他。而且，他是初一才从老家来到这座城市的，一直有些自卑，整天郁郁寡欢。

那天放学回家，恰好我们一路同行。看着他充满忧郁的但是明亮温暖的眼睛,我产生了非常强烈的诉说冲动。于是,我就把自己和男朋友的事情一股脑儿地告诉了何泽。他像个大哥哥一样耐心地静静地听着,让我感到很温暖。何泽还告诉我说班里有十几对同学在谈恋爱,而他没有,说明自己非常不讨女生喜欢。他说在这世上比被别人议论更糟糕的事,就是无人议论你。

就这样,我俩同病相怜,经常一起回家,经常一起讨论班里的事情。这件事情很快就传到萧峰的耳朵里。他怒气冲冲地找到我,质问我为什么那么快就变心了,而且丝毫不听我的解释。我感到很委屈,明明是他变心在先,竟然倒打一耙,冤枉我。其实我心里还是喜欢萧峰,我只是把何泽当做闺蜜而已。

就这样纠缠不清中,我的世界糟糕透了,哪有心思备战期末考试呢?

我曾经试图去学校的心里咨询室寻求老师的帮助。可是学校并没有专业的心理咨询人员,心理咨询室形同虚设,平日都锁着门,只有上级领导来检查时才对外开放。

我就这样迷惘和烦恼着。有一天下午放学后,我又和何泽一起回家。走在路上,我说出了心里的烦恼,感觉这样活着太苦太累,实在没有意思,真想一死了之。何泽先是大发和我同样的感慨,后来就开始劝说我,让我慢慢寻找途径把问题解决。

谈着谈着,忘记了时间。就在何泽用手拍我肩膀的时候,被妈妈发现了。众目睽睽之下,妈妈大吼大叫着强行把我拉回家,根本不听我辩解什么。回到家里,妈妈仍然喋喋不休,除了责怪就是谩骂,不给我任何说话的机会。我终于忍无可忍和她对吵了起来。

吵不过妈妈,我就回到自己的房间里关上房门。来自感情和学习的双重压力之下,我感觉自己快要崩溃了,真想一死了之。

就在那个时候,我发现了网上的一则新闻:广州一个初一女孩,因为感情和学业的双重压力,再加之父母的责骂,竟然跳楼自杀。

悲剧啊! 和我如此的雷同。

话外音:悲剧

生活可以很复杂也可以很简单。很多悲剧的产生,就是因为把简单的问题复杂化。孩子在家里得不到父母的关爱,在学校得不到老师同学的理解,精神空虚,学习压力过大,就有可能会把不断恋爱当做排解烦恼的方法。如果家长不能及时发现并给予帮助和引导,悲剧的发生可能就避免不了。

找个地方埋藏忧伤

白义举,男,13岁,摩羯座,气质忧郁,不善言辞,对事物专一而执著。为了自己喜欢的东西可以牺牲一切,自认为属于具有喜剧色彩的悲剧人物。最喜欢的格言:最幸运的是,不幸和你擦肩而过。

易拉罐拉环爱着易拉罐,可易拉罐心里装着可乐。这就是我现在的心情写照。

八年级上学期,我班转来一个据说学习成绩很好的女同学,她就是肖雪。她第一次站在教室的门口,文文静静的神情,漂漂亮亮的模样,一看就是我喜欢的类型。非常凑巧的是,那时我的同桌正休学在家,老师就把肖雪安排在我的旁边了。真是天意!

成为同桌以后,我对肖雪表现出罕见的热情和主动。一旦她遇到什么不明白的问题,我都会及时地主动和她讨论,帮助她解决。当然,除了帮她解决问题之外,我还会发挥我的特长,言语上尽量加上一些搞笑的成分逗她开心。她微笑的时候,会露出一对儿小酒窝,样子很可爱。我的热情、幽默不仅渐渐增加了她对我的好感,每次看她开心的样子,我也满怀欢喜。

有时,想和她说话但没有话题的时候,我便会问她一些关于学习方面的问题。其实我只是明知故问,在她思考一会儿准备回答的时候,我就会马上说出答案。这时候,她脸上就会摆出一副很生气很无奈的表情,那表情我百看不腻。

后来肖雪当了我的小组长。我也就像盼星星盼月亮那样地盼望每周的星期五早点到来,因为我们要一起做值日。我经常故意扫不干净,然后等她擦完黑板之后赶紧过来看着我重新打扫。这样,其他同学干完自己分内的任务就早早离开了,教室里只剩下我和肖雪,我感到开心极了。我一边扫地一边和她开玩笑,她总是被我的笑话逗得笑弯了腰。扫完地之后,我让她帮我拿垃圾铲,故意把废纸什么的弄到她的头上,然后再积极主动地帮她清除掉。肖雪静静地站在那里,一双大眼睛忽闪忽闪的,耐心地等我帮她清除头上的垃圾,样子真是可爱极了。

只要班里举行什么集体活动,我都会积极选择和肖雪一组,我不愿意看见她和别的男孩子说笑。有一次,我们参观完蔬菜大棚后在回学校的路上,我坐在大巴车里,看着邻座的肖雪熟睡的样子,简直入了迷。但当我很不好意思地回头时,我发现有很多男生也正在痴痴地看着她。我顿时心里如同打翻了五味瓶,各种滋味无法形容。

正如我担心的一样,开心的日子并没长久。八年级结束时学校举行文艺汇演,不知是谁出的馊主意,让我们班表演交谊舞。尽管我根本就没有学过交谊舞,也根本就不喜欢跳舞,但是看见肖雪报名参加,我也就积极地报了名。

在选择舞伴的时候我故意靠近肖雪,这样只要我把手一伸,就能抓住肖雪的手。但是,当我满怀期待伸手邀请肖雪的时候,她却把手交给了别人——我班的班草、各方面都很优秀的萧天。

我顿时面红耳赤。我体验到了心痛的感觉,那感觉真的是"无可言喻"。

以后每天下午课外活动的时间,我们都要留下排练舞蹈。我手里牵着别的女孩,眼睛却一直盯着肖雪和萧天。他俩忘我地进行着动作和眼神的交流,温馨而默契,简直就是一对神仙眷侣。我艳羡至极,心痛至极。后来我才听说,其实他俩早就好了,只是我被自己蒙蔽了眼睛,一直没有发现而已。

最后,我以扭了脚踝为由自觉地退出了节目的排练。我要找个地方,埋藏我无人知晓的忧伤。我允许别人走进我的世界,但绝对不许她在我的世界里走来走去。

话外音:转弯

黑夜的转弯是白天,忧伤的转弯是快乐。生活中遇到挫折,初中生为了维护精神独立的自尊,不会轻易向家长请教,独自忍受孤独感和压抑感的折磨。表面的活泼开朗,有可能掩盖着内心的惊涛骇浪。这时候,能让孩子心情转个弯的最好人选就是家长。如果家长能及时观察到孩子的变化,并跟上恰当的指导或者沟通,孩子就有可能甩掉忧伤的包袱,走出误区而踏上充满阳光的路途。

其实你最懂我的心

于菲语,女,13岁,狮子座,有点叛逆,有点活泼,几乎人见人爱,自认为拥有一颗充满幻想和浪漫色彩的脑袋。最喜欢的格言:一个人的智慧,仅是草尖露珠;集体的智慧,才是长河流水。

我和郑浩南的事,是因为失踪风波而被妈妈发现的。

今年五·一节期间,我跟着妈妈和她单位的同事一起去外地旅游。因为游人多,而我不但流连于海水连天的美好景色,而且还连续给郑浩南发了几条短信,所以和她们走散了。

妈妈肯定急坏了,她不断地拨打我的手机。就在我看到妈妈而她还没有看见我的时候,我的手机竟然欠费停机了。

妈妈立即起了疑心。因为就在准备出门的时候,她刚给我充了100元的话费。现在,才两天的时间话费就用完了,而她只跟我通过两次电话,这说明了什么?显而易见:我在频繁地和别人联系。

妈妈当时并没说什么,但旅游回来以后,她立即去通讯公司打出了我的话费清单,一长串的数字吓了她一大跳:仅5月2日这天,我给同一个手机号就发了500多条短信,最晚的一条是凌晨1点。

这个手机号码的主人就是我的同学郑浩南。那几天郑浩南回了老家,无人说话就不分昼夜地和我短信聊天。就这样,我们的秘密被妈妈发现了。

在铁证如山的事实面前,我别无他法,只能如实交代。

我和郑浩南的故事真的是说来话长。小学三年级的时候我俩成为同桌。他长得虎头虎脑,虽然比较调皮,但很聪明,挺可爱。

有一天做眼睛保健操的时候,他偷偷地亲了我一下。我吓了一跳,非常生气地跑到班主任办公室告状:"老师,郑浩南亲了我一下!"

班主任立刻紧张地问道:"他踢你哪里了?疼不疼?"

我很不好意思地说:"不是踢,是他亲了我一下。"

年轻的班主任显然也被吓了一跳,大呵一声道:"把他叫来!"

郑浩南立刻被跟去看热闹的同学押送到了办公室,被班主任狠狠地训了一顿。等回到座位上,他恨恨地对我说:"都是你,害我被训!你等着,等以后结婚了,我天天让你刷碗!"我无言以对。

后来,不知道为什么郑浩南竟然转学走了。我难过了很长一段时间,我以为是我告状才迫使他转学的。再后来,我升入了初中。开学的第一天,我竟然在别的班级里发现了郑浩南。几年不见,他个子已经长得很高了,一张棱角分明的脸,依稀可见他原来的模样。

不知为什么,一看到郑浩南,三年级"被亲"事件又闪入脑海。当时他是因为喜欢我才情不自禁地亲我吧。一想到他说的"结婚刷碗"的事,我就禁不住哑然失笑。没想到郑浩南也认出了我,于是我们就开始交往了。交往后我才知道,之所以转学,是因为他妈妈被调到另一个城市工作。现在,他妈妈又回到这个城市,所以他也就又回来读书了。

从此以后,我们就成了无话不谈的好朋友,直到今天被妈妈发现。

震怒之下,妈妈强行查阅了我们的聊天记录。一切尽在掌握之中后,她开始找我谈话:"你们的故事就像一个童话,你们的感情很纯真,我尊重你们。但是,如果放任你们这样发展下去,一定会影响到你们的学习和成长。这样吧,你可以和郑浩南交往,学习啊烦恼啊随时都可以交流,但绝对不能像电视剧里成年人那样谈情说爱。一旦你们俩的学习成绩有所下降,我立即掐断你们的交往。"

还是妈妈最懂我的心!其实我也是这么想的。我的理想是像妈妈那样当一名大学老师,不好好学习,这个梦想怎么能实现?

后来,我无意中听到妈妈在与郑浩南妈妈通话时说:"像这样的事情并不鲜见,宜疏不宜堵。我们得沿着孩子童话般的思维去考虑问题,然后帮助他们把握住萌芽期的情感,安全度过青春期……"

话外音:宽容

一盏灯笼,以信任为烛,点亮的是孩子的心灵;以宽容为罩,保护的是孩子纯真的感情。家长的通情达理和宽容,是帮助孩子把握情感、引导孩子安全度过青春期的基本保证。

青苹果吃不得

薛雅琼,女,13岁,处女座。模样漂亮,性格外向,是父母眼中可爱的乖乖女;成绩突出,组织能力强,是全班同学众口一词的完美班干部。最喜欢的网络流行语:许多人都追求生活的美好结局,殊不知美好与否根本不在于结局,而在于追求的过程。

八年级上学期的那段时间,我发现自己真的如妈妈所言,好像变了个人似的,回到家里总是默默无语,一副心不在焉的样子,学习成绩也有所下滑。

有一天,妈妈终于忍不住问我:"你最近有空就把自己关在房间里,神秘兮兮地写东西。你都写些什么啊?小说还是童话?"妈妈一脸着急的样子。

我当然不能告诉妈妈最近究竟发生了什么。虽然我自己正因此而倍感苦恼,但一旦把这件事情告诉妈妈,对她来说那就是晴天霹雳。因为,我,父母眼中优秀的乖乖女,竟然恋爱了。

我喜欢上了班长李天宇。我俩都是班干部,我负责学校广播,他负责编辑校报。在编写稿件的交往中,我发现他有许多我很欣赏的优点:多才多艺、活泼开朗、敢于担当。我们班有很多女生都喜欢他,但是他好像只喜欢我一个。虽然到现在我俩谁也没有表白,但心有灵犀不点也通。连同学们也经常起哄,说我俩谈恋爱了,是天造地设的一对儿。

这让我又忧又喜,心里很矛盾。一方面觉得谈恋爱会分散精力,影响学习,父母和老师知道了会批评自己;另一方面,我心里总是装着他,上课时间也不时地偷看他几眼,所以有时候上课走神,精神恍惚不安。

有一天,吃晚饭的时候,不知道因为什么,爸爸和妈妈竟然超乎寻常地一边吃饭一边抒发起了情感。

妈妈说:"真怀念我的学生时代啊,那么纯洁,那么上进。有男生给我写情书,我都感到丢人。幸亏我那时候坚持住了,要是像你一样早恋,说不定现在还在老家种地呢。"

爸爸叹口气说:"可不是嘛,要不是我那个时候喜欢上了我们的班花,耽误了学习,说不定现在我也是北大或者清华毕业的高材生呢。真后悔啊!"

听着他们你一言我一语地大发感慨,我感觉自己的脸一阵一阵地发热。是不是他们已经发现我的秘密了?我心虚地低头吃饭,继续倾听他们的谈话。

"你说说,老师发现你喜欢你们班花之后,是怎么处理的?"妈妈问爸爸。

爸爸说:"我真得感谢我的老师。她对我说,喜欢一个人很正常,但是影响到学习就不正常了。你现在学习成绩下滑,精神状态不佳,说明早恋起了副作用,你得赶紧悬崖勒马。然后老师就一一列举了那女孩的种种缺点,提醒我用心观察。后来,根据老师的提醒,我仔细观察后发现,那女孩真的并不像我想象的那样完美,而且有很多缺点。慢慢的我对她的喜欢就越来越少了。"

妈妈笑了,然后看着我,意味深长地说:"幸亏你爸爸早早醒悟,早早处理。否则,真的是后患无穷啊! 我从小是在苹果园里长大的,知道青苹果是吃不得的。早恋就像那还没有成熟的青苹果,咬一口才知道苦涩。"我赶紧低下头,狼吞虎咽地吃完饭,然后逃离似的回到自己的房间。

看来,我也得好好反思一下自己的事情了。李天宇并没有对我承诺什么,我是自作多情也说不定。如果因此而影响了我的学习和生活,除了自己,没人会对我负责。再说,当我变得不再优秀,一直积极向上的他可能就不喜欢我了。

我还是先默默保留住这份或许是最美的初恋情感吧,若是有缘,以后一定还有机会。首先得努力让自己成为各个方面都出类拔萃的优秀女孩,那样,优秀的男孩子们才会更加喜欢我(⊙o⊙)!

话外音:"烟花"

沟通心灵的桥是理解,连接心灵的路是信任。家长把小孩子的懵懂爱情,当做是年轻时看过的一场烟花。家长对孩子理解和信任的态度以及自己感同身受的描述,终会使这场不该绽放的绚丽"烟花"安全平静地消逝。

我们只是玩伴

郝宇航,男,14岁,双子座,头脑灵活,风趣幽默,乐于交友,是典型的篮球控。印象最深刻的格言:最好的光荣,应该靠我们自己的行动取得,而不是倚仗家庭。生活感悟:只要你按时到达目的地,很少有人在乎你开的是奔驰还是手扶拖拉机。

开始的时候,我只是喜欢和孟菲在一起玩,仅此而已。但是后来,她父母的强烈反对和在我看来极不恰当的阻挡,却成了我和孟菲决心坚持在一起的强大力量。

孟菲的家庭条件非常优越,但她并不像有的"富二代"那样骄横拨扈。相反,她活泼开朗,而且非常乐于与人交往,经常帮助班里有困难的同学。

虽然我俩在不同的班级,但是因为我们参加了相同的社团,还有共同的老师,所以经常一起参加活动。七年级半年的时间里,在慢慢熟悉了之后,感觉彼此很投缘,我们就有了进一步的发展,成为无话不谈的知心朋友。

我们俩的学习成绩都很一般,有相同的苦恼,还有许多相同的兴趣和爱好,话题比较多,总有说不完的话,所以课余时间经常在一起玩。我知道孟菲非常喜欢我,因为她曾经这样对我说过:你虽然不是天桥上算命的,却总是唠得出那么多我爱听的磕。

不料,有一次我们俩在街上溜达的时候,被孟菲的父母发现了。她爸爸立即停下车,她妈妈飞快地跳下来立即拦住了我,问长问短,一副极其不放心的样子。

她爸爸探照灯一样的目光则在我身上扫来扫去,连续扫了无数遍。我浑身不自在,只想赶紧找个理由离开。

"小屁孩,孟菲马上就要出国留学了,你能吗?不要在她身上瞎耽误功夫了。"孟菲的爸爸对我不屑一顾地说。

他极度蔑视的表情一下子就激怒了我,不就是有几个钱吗?别以为谁都喜欢钱!穷的只剩下钱的人是世界上最可怜的可怜鬼。

于是，我叫孟菲不要再找我玩了，我不配和她玩。

可是，孟菲死活不愿意。看看她坚决的样子，我也暗暗下定决心，一定先努力把学习成绩搞上去，我要通过学习成绩让她的爸爸妈妈对我刮目相看。

但是，因为我的学习基础实在是太差了，根本就不可能在短时间内有所改变。勉强坚持了几个星期，我的不坚强的意志就开始投降了。唉，念了十几年书，想起来还是幼儿园比较好混。我又开始心灰意冷，又产生了新的烦恼，于是，我和孟菲就又在一起互相倾诉。

孟菲不仅不断地安慰我，还经常给我买礼物哄我开心。她甚至对我发誓说，长大后无论干什么工作，她一定要争取和我在一起。

一个可爱的女孩子不顾一切地喜欢着我，我有什么理由拒绝？

可是，还有一年的时间我就初中毕业了。照现在的成绩来看，我根本就没有可能考上重点高中，我的爸爸妈妈也没有足够的关系和钱财帮助我通过别的途径进入重点高中的大门。或许，我只能考上一个职业高中，毕业后当一名普普通通的职业工人吧。

而孟菲呢，她是一定要出国留学的。到那时候，我们俩就成了生活在两个截然不同的世界的人，过着截然不同的生活。

有人说，昨天是用来想的，今天是用来过的，明天是用来证明的。我不明白，也不想明白这些话究竟是什么意思。但世界变化很快，不能考虑太多，我的确是这样想的。

或许出国以后，孟菲就又发现了自己喜欢的玩伴。可能还会生发出这样的慨叹：曾经有一段真挚的感情摆在我面前，我没有珍惜，现在回想起来，幸好没有珍惜。

我就当自己是她转身就忘的路人甲吧，不需要一定陪她蹉跎年华到天涯。所以现在，不必考虑太多了，先好好地一起玩吧。

话外音：玩伴

活在昨天的人迷惑，活在明天的人等待，活在今天的人最踏实。迷茫的少年只是需要一个合得来的玩伴，但对方家长的不屑一顾和反对阻拦，却使他们变得不再是玩伴这么简单。

第三章
成绩不是成才的唯一砝码

成绩不是成才的唯一砝码

> 幸福是灵魂的成就，不是金钱的成就。所以，在培养孩子的过程中，多用精力让孩子拥有一颗健康的心，这才是他幸福的保险单。
>
> ——毕淑敏

有调查显示，目前有近90％的家长只注重孩子的学习成绩而忽略孩子其他方面的成长和发展。因为在当前，成绩仍然是各种选拔的重要依据，所以，尽管家庭、经济条件不尽相同，但无论孩子有什么样的学习能力和基础，家长总是想方设法把孩子送到口碑好的学校里去，以求提高孩子的学习成绩。

有教育专家说：重视学习成绩，是情理之中的事情，但更应该重视孩子潜能的挖掘和人文素养的培养。如果仅仅过分注重成绩，经过家长呕心沥血培养出来的，有可能只是一台心智并不健全的"知识机器"。

那么，应该怎样正确对待孩子的学习成绩？

首先，家长应注重学习过程，尽量用平和的心态对待孩子的考试成绩。并不是所有的孩子都一定能够考出令家长满意的分数。个体智商存在差异、学习习惯和学习能力各有不同，对孩子学习成绩的要求就不能一概而论。

其次，要扬长避短。一味地追求学习成绩，倒不如关注孩子的心理、做人、关注孩子特长的培养。只要有了一技之长，将来孩子能够做自己喜欢的工作，也一定会过上快乐的生活。

赏识致使成功，抱怨导致失败。心怀赏识，永不放弃，这也许是对孩子最大的福利，也是教育的应有之义。所以，清楚地了解孩子的智力、能力、习惯等实际情况，然后进行正确的分析，恰当的定位，合理地对待孩子的学习成绩，才能让孩子身心都健康地成长。

成绩不是成材的唯一砝码，要让孩子健康地长大，请家长们从弱视孩子的学习成绩开始吧。

急，是要给人生减分的

石尚韵，女，14岁，摩羯座，性格内向，执著认真，不喜欢与人争论，是学校闻名遐迩的最美女班长。最喜欢的格言：探索的旅程不在于发现新大陆，而在于培养新视觉。

不知为什么，进入九年级以后我特别害怕考试。哪怕是一次小小的单元测验，我都经常着急紧张得睡不好觉、吃不下饭。妈妈说可能是我太在乎成绩的缘故，建议我放松心情、尽力而为就可以了。

可是，话虽然这样讲，但我却依然轻松不起来。我发现同学们都铆足了劲儿，各自朝着理想的高中而奋进。我当然有自己明确的奋斗目标，那所在市里闻名遐迩的高中，我仰慕已久了。我曾经当着全家人的面隆重发誓，一定要凭自己的能力迈进那所高中的大门。所以，看看身边同学异常努力的样子，除了刻苦学习，我心里还会产生万分焦急、惴惴不安的情绪。

这不，进入九年级以后第一次真正的考试就要来临了，我紧张得简直无以言表。周五下午放学回到家里，我一下子就趴在床上不想再起来，连妈妈喊我吃晚饭，我也无力理睬。

"你怎么啦？"妈妈急忙跑到我的房间，着急地问。

所有不好的情绪一齐涌向心头，我口无遮拦地说："我讨厌老师，发给我们那么多复习试卷，下周一就考试了谁能做完啊？关键是有的试卷都做了好几遍了，再做纯粹是浪费时间。不做吧，老师就发火。唉，什么著名高中啊，我不考了还不行吗？为什么让自己活得这么累啊……"我趴在床上嘟囔着，竟然流下泪来。

妈妈显然吓坏了，她不知道为什么一次考试就让我濒临崩溃。她静静地听我发泄完，然后对我说："先去吃饭吧，吃完饭看一会儿电视你就赶紧睡觉。明天再做那些试卷，实在做不完就算了，我去找你老师解释一下。"

妈妈从来没有不让我按时完成作业的时候，今天显然破例了。听她这么一说，我忽然感到轻松了许多，就乖乖地擦干眼泪去餐厅吃晚饭。

马马虎虎吃完饭,我只看了一会儿电视就匆匆上床睡觉了。可是时间实在太早,又刚刚吃完饭,我躺在床上根本就睡不着。辗转反侧之后,我还是起床开始做那一摞各科老师布置的作业。

妈妈洗刷完毕就一直坐在客厅里织毛衣,也不看电视,也没有过来干涉我。等我做了几张试卷后睡意来袭,就自觉地躺下睡觉了。睡意蒙眬中,我感觉妈妈轻手轻脚地来我的房间查看了几次。我假装睡着了,并故意发出均匀的呼吸声音,妈妈才停止了她的侦察活动,悄然熄灯。

早上,我从梦中醒来,听见外面又有窸窸窣窣的声音。起床以后我发现,妈妈早就在厨房做饭了。其实妈妈今天不用上班,她可以睡个懒觉的。吃着妈妈的手擀面,我感到有些惭愧,我真的不应该对妈妈说出那些牢骚话。

吃完饭,我正准备开始复习,妈妈却说:"听说湿地公园建设的不错了,今天我带你去看看吧。"

我吃惊地看看妈妈,妈妈平静地望着我说:"走吧。"

妈妈陪着我在公园里走了整整两个小时,我们一边欣赏美丽的风景,一边聊天。聊着聊着,就谈到了考高中的事情。妈妈说:"你志存高远,我和你爸爸都很高兴。但是,如果你给自己的压力太大了,我觉得会适得其反。有理想有目标是好事,尽己所能朝着目标努力就行了,不必太在乎结果啊。考试就是一次小小的检测,要认真准备更要正确面对。有句话说得好:'急,是要给人生减分的。'"妈妈一脸笑意。

听妈妈这么一说,我有茅塞顿开的感觉,心里轻松了很多很多。看我实在走累了,妈妈才带我回家。然后妈妈开始做饭,我开始复习功课、做试卷。在接下来的一天半的时间里,我尽己所能、效率极高地完成了所有老师布置的十几张试卷。晚上,我不再胡思乱想,洗刷完毕就安然入睡。

急,是要给人生减分的。妈妈的话让我刻骨铭心。我年纪尚小,从容是真,何必过得太匆忙?面对学习,我尽己所能;面对成绩,我坦然以对。这样,一切就会 OK 了,我想。

话外音:支持

如果在错误的路上,越是奔跑着反而越糟糕。当孩子焦急失落时,家长应该适当给其留点空白,让他暂停下来。家长的支持和鼓励,对孩子来说既是指路明灯,又是最有效的安慰剂。

三分之差一顿打

方中远,男,13岁,金牛座,帅气阳光,热情开朗,有幽默天分。最喜欢的格言:做人的最高境界不是一味低调,也不是一味张扬,而是始终如一的不卑不亢。人生感悟:要自己发光,不要等别人把你磨光——谁有空、有心情去认真地"磨"你呢?

虽然我的学习成绩不是出类拔萃,但我还算是一个主动、认真学习的人。爸爸妈妈也非常开明,他们都能够以平和的态度对待我的考试成绩。

反而是我自己,一旦考试出现失利就内疚惭愧得要命,就感觉对不起爸爸妈妈对我的期待和精心付出。有时候看看试卷上意外的小得可怜的阿拉伯数字,我都恨不得把卷子撕成碎片。

可是,让我倍感温暖的是,每当我一脸忧愁地回到家里,非常惭愧地把卷子拿给爸爸妈妈看的时候,他们的脸上总是现出柔和的、温暖的笑容。

"是不是试题很难啊?是不是一时粗心啊?"妈妈总会心平气和地问我,"不管怎样,吃一堑长一智,找出自己失利的原因就是很大的收获啊!"

爸爸则说:"我上初中时,失利的次数比你多的去了!说不定正是因为失利次数多了,我的见识才增长得比别人快,所以才最终考了个名牌大学呢。"听爸爸这么一说,我就仿佛得到了很大的安慰似的,感觉心里舒服了很多。

然后,爸爸或者妈妈还会和我一起分析失利的原因,找出解决问题的办法。有的时候,爸爸还亲自帮助我修改学习计划呢。

可是,我的同桌海明就没有我这样幸运了。一旦考试失利,他就要遭受爸爸或者妈妈非人的待遇。给我印象最深的一次是八年级上学期的期末考试。

那一次海明以三分之差排在了我的后面。也不知道他的妈妈是怎么知道班级排名的,反正开完家长会回到家里的时候她满脸不高兴。大概看我在那里,就强忍着没有发作。

我和海明看了一会儿书,忽然不约而同地想起了一个好玩的游戏。反正期末考试已经结束了,所以我俩就放心地玩了起来。玩到高兴之处还不由自主地鼓掌或者开心大笑。

我们肆无忌惮的笑声激怒了海明的妈妈。她带着满头的发卷几乎是冲进了书房,看我们正在兴高采烈地玩游戏,就立刻火冒三丈。她狠狠地踹了一脚电脑主机,然后就像电影里经常出现的泼妇那样嚷嚷开了:"期末考试你都考了些什么?自己也不反思反思,跟方中远就差三分!三分啊,如果加上三分就进班级前十名啦。你考试前都干了些什么?光想着玩电脑了是不是!"

大概感觉在同学面前有失尊严,海明竟然也跳了起来,大声吼道:"玩电脑怎么啦?我班同学哪个不玩啊?不就是三分吗?切!"

"你、你……"看到儿子胆敢反抗,海明的妈妈竟然气得说不出话来。

"我就是我,咋啦?还不是你生的?"海明一副得理不饶人的样子。

海明的妈妈不再说话,而是立即脱下拖鞋一下子就朝海明的脸拍去。海明猝不及防,被拖鞋狠狠地拍在了左脸上。他的脸一下子就红了,站在一边正不知所措的我也惊呆了。对海明来说,三分之差竟然意味着一顿打,好可怕!

海明的妈妈还不解气,使劲儿把拖鞋扔在地上,气呼呼地离开了房间。

我轻轻地拍拍海明的肩膀,也不知道怎么安慰他才好。

海明默默地趴在电脑桌上,委屈地流下泪来。

回到家里,我忍不住把这件事情告诉了爸爸妈妈,他们都瞠目结舌。面对妈妈的指责,海明的态度确实也欠恰当,但是仅是三分之差就挨家长一顿打,也确实有些过分啊。

海明生活在这样的家庭真的好可怜啊!

话外音:帮助

对于极不理想的成绩,两个孩子的境遇天壤之别,归因于家长思想认识的迥异。面对孩子不理想的考试成绩,聪明的家长会帮助孩子找一找成绩所反映出来的问题,然后找出解决问题的办法,而绝非一味地胡乱比较,甚至打骂。

爸爸的考前综合症

范黎霖,男,13岁,白羊座,好奇心强,不愿服输。喜欢快节奏的歌曲,有时候闻歌起舞。最喜欢的网络流行语:你可以用笑容改变别人,但不要让别人改变了你的笑容。

进入初中以后,爸爸妈妈对我的学习成绩似乎反常地重视。每次面临考试,他们就表现出一副紧张兮兮、小心翼翼的样子,简直就像得了考前综合症似的。

有一次期中考试的前一天,正好是周日,妈妈迫不得已出差到别的城市去了,就把监督我复习功课的重任交给了爸爸。爸爸仿佛如临大敌,恨不得我一直不喘息地战斗在学习的岗位上。

他先是让我背诵一篇课文。我说老师只是建议背诵一下,没有确切要求一定要背诵,可见这篇课文并不是考试的重点。可是,爸爸却说他在一个材料上见过一道有关这篇课文的考题,坚持让我全文背诵。

没有办法,我就坐在书桌前无奈地背诵。但是,因为有逆反心理的存在,我感觉一点儿也背不过,而且脑袋里乱七八糟的,根本就进入不了学习状态。所以,几乎一个上午的时间过去了,我还是没有背过那篇课文。

爸爸见我一上午竟然没有背诵过一篇他认为非常重要的课文,很是生气,就说我太笨了、太不用心了等等,说着说着,竟然开始骂我。

我强忍着不出声,我知道爸爸对我的学习很在乎。中午吃饭的时候,虽然我们俩坐在一个饭桌上,但几乎是各吃各的,气氛很凝重,场面很尴尬。

下午,爸爸接到单位电话,有点急事需要他去处理。他急急忙忙穿好衣服,然后又极其不放心地来到我房间,说:"我出去一会儿,你在家里好好复习。你不是有八个学科吗?你把每一个学科的所有问题都写在纸上,我回来检查。"说完他就出了家门。

我刚要舒一口气,没想到爸爸又回来了。他几乎是气喘吁吁地跑过来,对我说："你妈妈出差前嘱咐过我,她给你买了地理、生物试卷,你把这些试卷全部做完。我回来就检查。"

爸爸说完就急匆匆地离开了。我坐在那里,真是哭笑不得。八个学科的所有问题,怎么记得下来啊？有这个必要吗？地理生物试卷一共十二张啊,我能写完吗？真是比登天还难。以前都是妈妈陪我度过考前的时光,爸爸只是做好辅助工作而已。现在,妈妈不在家,这个高素质的爸爸竟然迷失了方向,也乱了方寸。

不就是一次期中考试吗？爸爸至于紧张成这个样子吗？他们这样重视我的考试,我的压力可想而知,我怎么办？如果我出现意外而考试失利,是不是我就没法活了？

我郁闷地坐在家里,不知道该从哪儿下手学习。如果昨天我没有把老师布置的作业写完,爸爸今天是不是就不用这么安排我的复习生活了呢？他想让我抓紧时间学习,却又不知道该让我学些什么；他只知道语文是我的弱势学科,却不知道不是多背一篇课文就能提高成绩的。唉,我叹口气,不知如何是好。

傻坐了将近两个小时,我几乎是没有任何收获。爸爸回来了,顾不上休息就跑到我的房间,问我完成他布置的任务了么。

我没好气地说："没有,完不成。"

爸爸见我持这样的态度就勃然大怒,又开始骂我。我也生气了,动不动就开口骂人,就为了这样的事情,至于吗？我关上了自己的房门,不再说话。

如果他不是我爸爸,我真的很想和他对骂。

世界上有木有治疗家长考前综合症的药物啊？科学家们,求你了,赶紧发明吧！

话外音：理智

做对的事情远比把事情做对更重要。过于在乎孩子的成绩,可能会让家长丧失理智。家长近于病态的督促和期待,往往会使得孩子通往学习成功的路总是处于施工的状态。督促孩子学习是家长的责任,但要根据孩子的实际,顾及孩子的承受能力,然后配合老师采取有力措施。近于病态的做法,只能给孩子带来无尽的烦恼,设置许多没有价值的障碍。

我把自己当空气

史志伟,男,13岁,水瓶座,心胸宽大,爱好和平,主张人人平等。人生格言:活着不一定要鲜艳,但一定得有自己的颜色。生活感悟:比等待更难受的是,你连自己在等什么都不知道。

有老师曾经说:有些人来到学校里除了读书什么都做。我就是。我曾经认真地想了想,在学校苦读七年,"特别能吃苦"这五个字,我只做到了前四个。学习这事儿给我带来的基本上全是耻辱。有人地理好,有人数学好,有人语文好,有人英语好……但我心态好。

读小学四年级以前,我是在农村老家度过的。据奶奶说,那时候爸爸妈妈工作很忙,家里经济条件很差,只好把我放在老家。

奶奶对我可以说是百依百顺,所以在奶奶家我基本上也是唯我独尊。在学校里,我也只是扮演调皮捣蛋的角色,从来不认真学习,作业基本上靠抄。所以,老师和同学都对我无可奈何。把老师逼得实在没有办法了,就对全班同学说:"就把史志伟当空气吧。"

于是,我就仿佛空气一般,自由地飘在空气清新的农村里。

奶奶实在没有办法了,就让爸爸妈妈把我接到这座城市里来读书。初来乍到,我尽己所能克制了几天之后,老毛病就犯了,在农村时的症状一一出现。我以为这里的老师也会号召同学把我当做空气呢,可是我错了。在我和同桌第N次打架之后,老师不但把我的爸爸妈妈叫到学校进行了严厉的批评教育,而且还威胁我说:"如果你再继续这样下去,就开除你。"

我知道父母是费了九牛二虎之力才把我送进这所学校的,虽然我和他们存在隔膜,但是与老家相比,我还是喜欢在城市里生活的。所以我对老师说:"你让全班同学把我当空气吧。"

老师说:"美得你!造成空气污染你负责得了吗?"

没办法,连空气都捞不着当,我只好委屈自己认真学习。

可是，因为基础太差的缘故吧，虽然我很努力，但成绩仍然很差，我只好放弃。抄作业、挨批评；挨批评、抄作业。周而复始。渐渐的，老师无可奈何了也只好放弃。于是，我就真的成了我班的空气。

但是，父母根本就不知道我光荣地成为空气的事情，还在一个劲儿地念叨学习学习。他们根本就没有想到，在学校里，我只做除了学习以外的事情。

好不容易挨到小学毕业，爸爸妈妈狠狠心，把我送进了寄宿制学校。但是，我依然不愿意学习。他们安心工作，我安心做空气。

初一下学期的时候，我迷上了街舞。我想报名参加街舞学习班。但是爸爸妈妈死活不同意，说时间太紧张，学习街舞之后会影响我的学习成绩。没办法，我只好放弃，继续像空气一样，漫无目的地继续飘荡在学校里。

有段时间，我喜欢上我班一个学习很好的女生，我就想静下心来好好学习。爸爸妈妈发现了我的变化，自然是喜出望外，仿佛又点燃起希望之火。妈妈得空就趴在我的耳朵边上大声说："快考试了，学习吧学习吧！"简直恨不得把我的耳朵咬下来，弄得我很烦，感觉自己真的不如只当空气好。

期中考试的成绩与以前一样极不理想。但我感觉已经尽力了。妈妈看看我的考试成绩，不但骂了我，而且骂着骂着看我顶嘴，竟然动手打了我。我很伤心，一个人跑到楼道里哭了很长时间，也不知道是因为那女孩根本就不理我而伤心，还是被打的原因。

那天晚上我很晚才回家。我以为父母只把我当做空气而不管我的死活。可是回家以后才发现，他们都出去找我了。我赶紧打电话把他们叫回家。

那天，爸爸妈妈和我推心置腹地谈了很多：从农村走入城市的艰辛，没有靠山想出人投地的艰难；他们对我的疏忽等等。我是他们的未来和希望，不能只把自己当空气。我对他们很重要，我努力了就好。

我第一次知道这么多关于他们的想法，深感惭愧。把自己当空气，是多么不负责任的行为啊！趁他们睡觉的时候，我给他们写了一封信，告诉他们我错了，不应该破罐破摔、玩世不恭，我会努力做一个负责任的人。

话外音：共鸣

生活的有趣之处在于：孩子昨日最大的痛楚，可能会成为他明日最大的力量。谁都不能把自己所有的不如意都推给命运，因为命运有时只是自己努力的结果。家长坦诚的交流和沟通，最终会引起孩子的心灵共鸣。

永远解不开的结

田之歌,女,13岁,天秤座,善良温和,有时多愁善感。口才好,富有创造力。人生格言:跌倒了,一定要爬起来——不爬起来,别人会看不起你,你自己也会失去机会。

我在一所寄宿制学校上初中,两星期回家一次。可能是因为我从小在农村老家长大的缘故吧,离开自己的家来到学校,我真的感到非常愉快,和老师、同学相处的也都不错。

但是,有一件事情却是我永远解不开的结。在学习这个问题上,我和妈妈竟然存在着很大的认知差距。

我非常不愿意给妈妈打电话。有时候,看别的同学给父母打电话时不由自主流露出来的甜甜蜜蜜的表情,我也感到有点羡慕,但是却丝毫没有产生给父母打电话的冲动。因为只要我给妈妈打电话,说不上三两句,她就会问我的学习成绩,然后就针对学习成绩高谈阔论一番,谈论的内容也永远只有一个:她对我的学习成绩不满意!

记得有一次,我感觉自己的语文考试成绩还不错,全班第二名呢,所以就高兴地主动给妈妈打电话,希望让她开心,或者还能够得到她的哪怕一点点肯定。

可是,当妈妈听说我考了96分的时候,竟然马上用一种讥讽的口吻说:"就这点分还算好啊?你对自己的要求也忒低了吧!"

我无语,我知道妈妈是出于对我的期望值太高的缘故,可是,她也不能只看一个数字啊。老师说这一次的测试试卷有一定的难度,而且我们没有进行复习,我能够考取全班第二名的成绩已经很不错了,全班过90分的也不过才4个同学。与以前的成绩相比较,我确实有了一定的进步啊。

话不投机半句多,我看妈妈根本就没有肯定我的意思,就赶紧挂了电话。从此以后,我基本上不轻易给妈妈打电话了。

让我感到郁闷的是,每两个星期回家一次,妈妈也是不失时机、见缝插针地谈论学习成绩的事。最近什么学科考试了?最高分是多少?有多少同学比我好啊？让我感觉一刻儿也不消停。

有时候，我心情不错，就忍不住把学校里一些好玩的新鲜事告诉她：谁看上谁了，谁写的情书被老师没收了，学校举行了什么比赛了什么的，但往往是我兴致勃勃、滔滔不绝，妈妈却只是偶尔"嗯"、"啊"地表示一下，更多的则是不耐烦地拿眼睛瞪着我，好像提示我赶快闭嘴，不要再谈这些与学习无关的事情。

好扫兴！难道妈妈的眼睛里只有学习成绩吗？

这还不算，更让人纠结的还在后头呢。那天我的小学同学张梦梦给我打电话，约我周末一起去湿地公园玩。那天恰好期中考试刚刚结束，回到家里又没有乐趣，我正想找几个朋友一起放松一下心情呢，于是，我就痛痛快快地答应了，并约好了见面的时间。

可是，妈妈在另一个房间里听到了我们的对话。她火急火燎地来到我的房间严肃地对我说："你不能和张梦梦一起玩。"

我疑惑不解地问："为什么？我和她是小学同学，你也认识她的妈妈。我们以前不是经常在一起玩吗？"

"那是以前，现在不一样了。马上就读初三了，功课那么紧张，你得抽空就学习，哪有时间去玩。"妈妈振振有词。看我生气的样子，又补充道："她学习成绩那么差，整天除了打扮就是瞎逛，初三毕业最多也就能考上职专。你和她在一起，对你的学习没有任何好的作用。"

我无奈地看着妈妈，这个通过考上大学而跳出农村的女强人，嘴巴那么毒，难道是喝农药长大的吗？

"张梦梦的学习成绩确实不好。可是她的人品很好啊，又善良又宽容，大家都愿意和她做朋友。听说我丢了课本，她自己不用先借给我用。"我忍不住说。

"哼，"妈妈冷冷地一声，"据我观察，有百分之八十以上的人，如果学习成绩不好，其他方面也不怎么样。"

我无语。唉，难道在妈妈的眼里，学习成绩代表一切吗？如果我的成绩下滑了，是不是就说明我的道德品质变坏了呢？看似这么简单的问题，为什么我和妈妈却存在这么大的差距呢？谁能帮我解开这个结？

话外音：障碍

把脸迎上阳光，那就不会有阴影。代沟的存在，并不是家长与孩子进行和谐沟通的唯一障碍。家长把学习视为一切的狭隘思想，永远无法架起与孩子进行良好沟通的桥梁。要让孩子得以健康发展，家长的思想必须先做出改变。

我的名字叫"压力山大"

谭一鸣,男,14岁,金牛座,刻苦耐劳,善解人意,慢条斯理,很有主意。**人生格言**:只有精神领域的探索是永无止境的,它能提供的快乐也是最高质量的快乐。**生活感悟**:很多人有眼睛,但他们早已不看,没有感觉,像石头一样不再闪烁。

现在我终于明白,妈妈特别在乎的只是我的学习成绩。学校对我来说就是一个擂台,我只是一个被推上台打擂的孩子,我必须竭尽全力,因为妈妈非常在乎我的输赢。

妈妈名牌大学毕业以后,创办的公司风生水起,属于典型的成功女士。她给我报名参加了各种辅导班,尽管我真的不需要。一个学期里她只问我两次学习成绩,一次是期中考试,一次是期末考试。如果我考的不错,她就会迫不及待地告诉亲戚朋友和左邻右舍,恨不得当着全世界的面给我贴上"学习好"的标签。

妈妈不仅用考试成绩来评判我,而且对成绩的要求永无止境。记得读小学的时候,每次考了好成绩,我都会忍不住欢天喜地给妈妈打电话。可是妈妈听后对我说的第一句话永远是:"有几个人比你考得好?多多少分?"如果我说出几个,她就会马上说:"为什么人家能考那么多你却考不了?"弄得原本兴奋的我立刻变得非常沮丧。

读四年级的时候,我清楚地记得有一次,我期末考试语文、数学、英语成绩都是99分。那次考试,各科试卷都比较难,我能考出那样的成绩真的不容易,连老师都当众表扬了我,别的家长也是连连称赞。

可是,当我兴冲冲地把试卷拿回家,期待妈妈表扬一下的时候,妈妈一边看试卷一边听了我的汇报,然后很不以为然地白了我一眼,说:"下次给我考三个满分啊。"美滋滋的我立刻感觉很扫兴。

原以为升入初中后,妈妈的要求会有所变化,最起码不至于那样永无止境了吧。可是我错了。与以前相比,妈妈有过之而无不及。虽然不再左邻右舍地炫耀了,但是对考试成绩比较这事仍然乐此不疲。

如果我考了第一名,妈妈会说:"你只是在班里第一,在年级刚刚进前100名,要是全区统考排名,你还指不定排多少名呢。千万别骄傲啊,还要继续努力!"

最厉害的是到了寒假,期末考试成绩就成了家长们在一起谈论最多的话题。尤其是全市统一考试之后,家长们谈论起孩子们的成绩似乎是主流话题。原本热热闹闹的春节,怎么看都是家长交换孩子考试成绩的平台,饭桌也成了为家长提供攀比的场所。

有一次到妈妈的同学家玩,她家的儿子在读九年级。我们刚到她家坐下,妈妈就问人家孩子考了多少分?然后一一细说我的各科考试成绩。

我知道妈妈是炫耀我的成绩好,可是她这么一说,她的朋友就很不好意思了,她当着我和妈妈的面批评了自己的孩子,然后就一个劲儿地夸奖我很棒。妈妈很受用地听了,然后就说:"你知道吗?咱同学晓茹的女儿,英语考了119,数学考了120,那才叫优秀呢!"

妈妈的同学说:"你儿子已经非常优秀了,你就知足吧!"

妈妈心满意足地笑了,然后还大言不惭地说:"'凤凰窝'里不能飞出个'三黄鸡'。我这么优秀,孩子也不能比我差吧。"我们两个男生只是尴尬地站在一边不知所措,期盼着她们的谈话到此结束。

为什么妈妈只注重成绩、只注重结果,而不关注平日里我的努力呢?她为什么不能以平和的心态看待我的学习成绩呢?考试分数除了与学生掌握知识的牢固程度有关外,还与试题难易、阅卷标准等有着密切的关系。都什么年代了,怎么还以考试成绩论英雄呢?

虽然我经常考取好的学习成绩,但是我一点也感觉不到快乐。我最需要的是爸爸妈妈的鼓励、理解、引导和抚慰,而我妈妈只是要高分、更高的分数,我只感觉到自己的压力很大很大。

妈妈的期望值特别高,我只是妈妈的一个砝码。

干脆,大家都叫我"压力山大"吧!

话外音:张弛

一张弓如果一直绷着,早晚会失去弹力。家长把孩子当做弓箭,就必须明白一张一弛的道理。一位美国教授考察中国后深有感触地说:"中国人活得太累,他们的人生只有两个词:成功和拼搏。我很奇怪,他们连快乐都感觉不到,却想追求幸福。"好成绩会让家长们快乐,但孩子为了获得好成绩所付出的一切,是他们想要的快乐吗?

两全其美是梦幻

　　任颖馨,女,13岁,处女座,安静内向,好奇心强,喜欢怀旧和幻想。人生格言:不要在事情开始的时候畏首畏尾,不要在事情进行的时候瞻前顾后。生活感悟:不要讨厌那些嫉妒你的人,相反你应该尊重他们的嫉妒心,因为在他们心里,你比他们优秀。

　　升入初中以后,教我们英语的是一位男老师。他上课几乎从来不用口语,即使偶尔说英语,也带着浓浓的乡音,很不好听,甚至很好笑。

　　不仅仅是口语不好,连续几次考试,我们班的英语成绩也是极其差劲儿。尤其是我,在小学的时候英语成绩还是不错的,为什么到了初中就很差了呢?而且差距还那么大。

　　反思了一下,主要是我自己的原因吧。我非常不喜欢英语老师,当然也就非常不愿意上英语课。而且,上英语课的时候我班的课堂纪律很不好,老师用方言讲的语法什么的,我几乎听不明白。我自己也没有及时地跟上复习和巩固练习,所以英语成绩有所下降了。

　　感悟到这个原因之后,我开始调整自己学习英语的态度,摈弃对老师的反感情绪,用心预习、认真听讲,我相信自己的努力一定会换来丰厚的回报。

　　可是,初中上学期期末考试,我的英语成绩仍然很不理想。爸爸妈妈开始着急,就商量着给我报名参加北京的一个英语学习班,等放了暑假,就叫我去英语班学习。

　　我当然不想去。好不容易放个暑假,我想好好休整休整。初中的日子实在太累了,要适应那么多的老师,要适应那么多的学科,还要学会和那么多的陌生同学和谐相处,我感觉自己净忙着适应生活了。所以,我想放暑假的第一件事情就是好好休息。然后再报一个自己感兴趣的特长班,书法啊、画画啊、街舞啊什么的,既培养兴趣,又锻炼身体,岂不是两全其美!等到快开学的时候,我再抓紧时间预习一下八年级的教材,然后充满信心地迎接八年级的到来。我简直被自己的这样完美的打算感动了。再说了,去北京呢,夏日炎炎,人生地不熟,即使老师再优秀,能保证有好的学习效果吗?如果效果极差或者没有效果,花那么多冤枉钱干什么呢?

我天真地以为爸爸妈妈只是有那样的打算,没想到初一下学期期末考试刚刚结束,我的两全其美的打算就成了梦幻。妈妈不容置疑地对我说:"自己提前收拾收拾东西啊,这两天就去北京。"

我一听这话就愣住了,他们什么时候给我报的名啊,我怎么一直不知道啊?

妈妈显然看出了我的惊讶,说:"你爸爸从网上给你报的名,钱早就打过去了。别犹豫了,非去不可的。"

我一听这话就生气了,坚决地说:"要去你们去吧,反正我不去!"

正在书房上网的爸爸听我这样说话,忽然走出来劈头盖脸就骂我,什么"成绩那么差丢人现眼啦",什么"现在不学习,将来没饭吃啦"等等。他神经出现错乱似的,穿着短裤、腆着肚子站在那里,手舞足蹈地,与平时风度翩翩的爸爸判若两人。

就为了我的这句话,爸爸至于变成这样吗?我忍不住哭了。我觉得自己很委屈,爸爸怎么能这样对待我?给我花钱报学习班的确是为了我好,但起码也得事先征求一下我的意见啊!要到北京去学习的是我,我有发表自己感受的权力。我知道钱已经给人家汇过去了,再要回来可能比较困难。可是,即便是我必须去,他也完全可以通过讲道理让我同意啊!凭什么对我指手画脚地,就好像我犯了什么十恶不赦的大错似的。他这样极其不尊重我的感受,我怎么能安心学习?难道,与身心健康的成长相比,学习成绩更重要吗?

我越想越伤心,有理却讲不出,就只好哭得昏天黑地。

人最理智的时候,往往是别无选择的时候。后来,我还是很理智地硬着头皮去了北京,但我感觉自己丝毫没有学习的积极性。当然,学习的效果也的确不怎么样。

话外音:盗版

每个人出生时都是原创的,可悲的是很多人渐渐就活成了盗版。家长为了提高学习成绩而不顾及孩子真实感受所采取的措施,无异于让孩子活成盗版而失去原有的自己。

好成绩是爸爸的光环

崔子威,男,13岁,狮子座,宽宏大量、乐观开朗,不拘小节、心胸开阔,富有同情心,组织能力强。自豪的事:从上小学开始一直担任班长。人生格言:我可以接受失败,但绝对不能接受未曾奋斗过的自己。

忽然发现,我的考试好成绩,竟然是爸爸头上最美的光环。

这一发现让我寝食难安。

爸爸大学毕业以后当了一名初中老师。这让他在官职越来越大或者在企业越来越发达的同学面前有些自卑。所以,记忆中,他几乎不参加任何诸如同学聚会的活动。

有一次,爸爸实在推脱不掉,就硬着头皮参加了大学毕业20周年聚会活动。爸爸很晚很晚才回到家里,我原以为他还会像以前那样垂头丧气呢,可是爸爸却兴高采烈地满嘴喷着酒气,极度兴奋地对着满脸惊讶的我和妈妈说:"我那么多同学中,别看他们有的当官,有的是大老板,但是,只有我的儿子凭本事考上了重点中学,他们的孩子学习上都一塌糊涂。对我,他们也只能是羡慕、嫉妒、恨的份儿。儿子,好好学习哈,给爸爸争气,就靠你了!"

我从来没有想过,自己的学习成绩,还能为爸爸挣足了面子,让别人对他刮目相看,让这个本来在同学面前有些自卑的男人开始变得自信起来。于是,我暗暗下定决心,一定继续努力学习,让爸爸自豪,让爸爸开心。

爸爸开始变得热衷于参加各种聚会了,尤其是期中期末考试以后,我的好成绩就成了爸爸炫耀的资本。爸爸的那些有权或者有钱的同学几乎都有一个心病:孩子的学习成绩太差。他们几乎都为孩子请了家教老师,既花钱又花时间,但是即使是这样,孩子的学习成绩依然没有多大的变化。有几人甚至请爸爸吃饭、给爸爸送礼,请他允许他们的孩子来我家和我一起学习。

所以,每一次聚会回来,爸爸都是心情大好,谈笑风生。可是,渐渐的,我却感到压力山一样大了。万一有一天我考砸了,爸爸的炫耀资本不见了,他会怎

么样呢?他会接受吗?他是不是就会拒绝参加同学聚会了?

越是这样想,偏偏越是出现意外状况。升入九年级的第一次期中考试,因为疏忽大意,出现了以前从来没有出现过的失误:数学竟然漏掉了一道大题。就连我最擅长的作文,也因为审题出现错误而写跑了题,几乎没有得分。总的考试成绩可想而知。看着自己惨不忍睹的分数,我非常难过。我不知道爸爸能不能承受得了这样的打击,我甚至想像有的同学那样偷偷地把分数改掉。

但是,我没有改掉分数,我有面对较差成绩的勇气。

爸爸也应该有,我想。

不出所料,当爸爸知道我的考试成绩以后满脸沮丧。因为他已经主动积极参加了一个范围比较大的聚会,而我恰恰在这个时候考砸了。

爸爸失去了光环,他该怎么办?

爸爸最终没去参加聚会,他竟然没有这个勇气。这让我更加忐忑不安,也让我对爸爸感到非常失望。成绩意味着什么呢?学习是为了什么呢?仅仅是为了满足一个人的虚荣心吗?

思想品德老师曾经说过:一个人的自信,如果是建立在别人的行动和努力上,那么,他永远也不可能真正地自信起来。习惯把挫折和失败归咎于环境与他人的人,想要成功只能寄希望于环境与他人的迁就。

我都懂这个道理,而让我极度苦恼的是:身为老师的爸爸竟然还不明白。

话外音:光环

虚荣会开花,但不会结果。一样东西,如果太想要,就会把它看得很重,占据全部心思。家长不能如实地看待孩子的成绩,就不能摆正成绩在自己心中的位置。如果家长把孩子的好成绩看成光环,只当作提高自己地位、满足虚荣心的唯一武器,不但不能给孩子带来足够的鼓励和勇气,而且还会逼迫孩子选择放弃或者逃避。这是家长的失败,也是孩子的悲哀。

我只能保持沉默

姜风尚,男,13岁,摩羯座,不善言谈,执著倔强,书法造诣很高,在学校硬笔书法大赛中获得一等奖。最喜欢的网络流行语:当回首人生的时候,别老觉得自己脸上写着"憋屈"二字。

爸爸妈妈都是急脾气,经常因为我的学习问题而吵架。

我刚刚迈入初中大门的那半年,因为实在适应不了新学校的学习环境和新老师的授课方法,所以就经常犯错。偏偏班主任也是一个脾气十分火暴的女人,只要我犯了错误,她不管三七二十一掏出手机就给我爸爸或者妈妈打电话。

只要父母接到老师的电话,而且放学回家后如果我还敢为自己的行为辩解几句,那么接下来的后果,不是领教妈妈的一顿臭骂,就是遭受爸爸的一顿暴打。所以,以后再遇到同样的事情,我不敢再辩解什么,任凭父母怎么责骂,我只能保持沉默。

升入八年级以后,换了新的班主任。她很开朗也很善良,关键是学生出现问题从不轻易找家长。所以,我爸爸妈妈接到班主任的电话的机会就很少很少了。这似乎让他们俩很是高兴,一致认为我变得懂事了,不再给他们招惹麻烦了。于是,他俩就开始热情地关注起我的学习成绩来。

说实话,七年级的那一年,我几乎全部在压抑中悲哀地度过。爸爸的批评,妈妈的责骂,还有班主任的粗暴,都使我郁闷不已,根本就没有任何学习的兴趣,理所当然,我的学习成绩也是一塌糊涂。

尽管八年级开始后,我逐渐有了好好学习的想法,并付诸行动了。但是因为基础太差的缘故吧,事与愿违,成绩总是不尽人意。

爸爸妈妈很快就对我失去了信心和耐心。每一次考试之后,他们只是简单地问问成绩。看成绩不好,就假装安慰我:"这次考不好就算了,下一次一定要重视啊!听到了吗?"

如果我回答说:"嗯。"他们就提高嗓音说:"别光知道'嗯',我看你是每次答应的好好的,就是不照说的做。"

如果他们说完后我不吱声,他们就会马上火冒三丈道:"你聋了?你听见了吗?怎么说你都听不进去,真是油盐不进,哎呀,真是愁死人了!"

每到这个时候,我知道自己能做的,只能也必须保持沉默。如果我胆敢稍微反驳一下,换来的是更加刺耳的吼叫或者咆哮。

爸爸妈妈都是技校毕业,没有多少文化,在单位干的是又苦又累的活,拿的却是少得可怜的工资,这也是他俩极力想让我好好学习的原因。这些我都是知道的。

除了保持沉默,有时候我真的需要他们俩的配合:给我听写单词啊,帮我背诵公式啊什么的。可是,事实证明,只有在考试成绩发下来以后,他们才想起来要关注我的学习。

有一天晚上,我写完作业需要家长签字,可是到处找不到他们,没有办法,我只好自己当了一次家长,胡乱签了字。幸亏那天老师没有仔细检查,否则,我不知道自己又该怎样瞒骗过去了。后来才知道,那天晚上,爸爸妈妈竟然在隔壁邻居家打牌。

还有一次,老师让家长检查背诵课文并签字。妈妈不在家,我去找爸爸帮忙。爸爸在看电视,竟然不耐烦地说:"你自己背过就行了,别指望我检查。我上学的时候成绩就不好,你学的那些我都不会,你就别再难为我了。"说完就继续看电视。

我真想和爸爸吵架,但我知道自己只能保持沉默。

最近,期中考试以后,学校开了一次家长会。爸爸开完会后回家,竟然反常地一言不发。我知道自己考的很不好,我开始对自己感到失望,甚至开始怀疑自己的能力和智商。还好,爸爸竟然没有对我发脾气,我想可能是新班主任的缘故吧。

但是,我不能说什么,只能保持沉默。我不能选择生在什么家庭,但我多么希望自己也能像有的同学那样,拥有一个安静、和谐的家庭环境,多一些鼓励和安慰,少一点责骂和推脱。

向日葵告诉我,只要面对阳光努力向上,日子就会变得单纯而美好。我想努力学习,我还心存希望。但愿,有了新班主任的帮助,我的家也会有奇迹出现。

话外音:超载

孩子明明是一只蜗牛,家长非要给他背上乌龟的壳,严重超载之下,他会嫌累的。想通过孩子实现自己的目标和理想,本身就不恰当,如果再采取动辄责骂和推脱责任的方法,一定会影响孩子的身心健康。

没有什么事儿是搞不砸的

康思思,女,13岁,双鱼座,多愁善感,优柔寡断。钢琴考过八级,演奏水平颇高。生活感悟:不要把自己所有的不如意都推给命运,因为命运没有那么可恶,它只不过是忠实地记录了你努力的程度而已。

我用行动证明:只要努力,没有什么事儿是搞不砸的。

那天,妈妈又没有来学校接我。站在学校附近的公交车站牌前,看着幸福洋溢在脸上的同学们一个一个被车接走,我的心情骤然低落。人家都是爸爸妈妈接接送送,我却每一次都是独来独往。为什么啊?我学习成绩那么优秀,凭什么没人接我啊!

磨磨蹭蹭地回到家里,妈妈急忙冲出厨房,满脸期待地问这问那。我就当她是空气一样不理她,回到自己的房间里关上门就不再出来。妈妈没再追问我什么,因为锅里的"吱吱"声让她赶紧回到厨房里。尽管有我非常喜欢的可乐鸡翅的味道屡屡飘进我的房间,但我抵抗着诱惑,就是不出来。

"快出来吃饭吧。"妈妈已经第三次喊我了。我不搭理她,她就一直在门口喊叫。我忍无可忍,拉开房门大声吼道:"我不饿!"然后便狠狠地关上了门。看了一会儿书,我的情绪就渐渐平息了。不就是没来接我吗?离家三站路,根本就不用接。于是,我厚着脸皮出来吃饭,对抗不消自灭。

吃罢晚饭,仅仅看了几个电视节目之后,妈妈就叫我赶紧练琴,因为马上就要参加九级考试了。没有办法,我只好回到房间里练琴。一遍一遍,原来感觉很有韵味的曲子,今天却感到异常难听。就这样,断断续续地练了将近一个小时,我实在太累了,练习的效果也不好,就想停下来休息一会儿。

妈妈没有听见琴声,就推门进来叫我继续练习。我强忍住怒火,又开始练了半个小时。可能因为很不情愿吧,琴声就更加难听。妈妈可能也忍无可忍了,又推门进来大声呵斥道:"你弹了些什么?这么难听,真是糟蹋了曲子。"

我也怒火爆发了,使劲儿一拍钢琴,站起来说:"我就不练了,你能怎么着吧!"

"你、你……"妈妈气得说不出话来。

"你敢！你没看见你妈妈生病了吗？"不知什么时候爸爸走了进来,看我极其不礼貌的样子,就生气地推了我一下。因为用力太猛,我一下子就倒在了床上。我哭了起来。

一个好不安宁的周末的晚上。

第二天,爸爸出差了,妈妈因为感冒卧床休息。我马马虎虎写完作业,就上网和同学聊天。因为太投入了,我只偶尔听见妈妈的咳嗽声,却没有听见她叫我。可能是妈妈又气又急吧,她不顾一切地冲到我的房间,一下拔了电源,喘着粗气说:"我叫你帮我倒杯水,叫了你无数遍了,你都听不见。光想着聊天了！"

当时妈妈肯定是非常伤心,孩子都十几岁了,却一点也不知道心疼妈妈。自己病成这个样子,也没有人照顾。可是,不懂事的我竟然顶撞妈妈说:"谁让你声音那么小的？我又没有听见。"

听我这么说,妈妈显然怒火中烧,她狠狠地扇了我一个耳光。接二连三地被揍,我很生气,眼泪夺眶而出。我不顾一切摔门而去,全然不顾正在生病的无人照顾的妈妈。

等我漫无目的地在街上溜达累了,也感到饿了,就无精打采地回到家里。可是,回到家里的情景让我吓了一跳:妈妈躺在沙发上,浑身瑟瑟发抖。我摸了摸妈妈的额头,天啊,烫得要命！妈妈发高烧了。我连忙给爸爸打电话,爸爸让我不要惊慌,他打120急救。

120救护车呼啸着走了,我后悔至极。这一次回家,在我的不断努力之下,所有的事情都被搞砸。妈妈带病坚持为我做饭,我不理她；妈妈批评我练琴不用心,我顶撞她；在妈妈最需要人照顾的时候,我竟然上网聊天,还理直气壮。

看来,对我而言,除了在学校好好学习,其他方面的学习也是当务之急啊。

话外音：品质

当决定了方向,要想走得更远还需要良好品质的帮忙。学习成绩优秀的孩子往往有许多优越感,生活中的唯我独尊、自私和任性,往往就是这种优越感的具体表现。所以,家长不仅要关注孩子的成绩,更应该关注孩子良好品质的培养。

"放松计划"突变之后

毛宇航,男,13岁,天蝎座,表面温和平静,内心波涛汹涌。敏锐好胜,不易妥协。记忆中最深刻的事情:小时候和小区里的孩子玩捉迷藏,等别人藏好了自己就直接回家了。人生格言:最有效的资本是我们的信誉,它24小时不停地为我们工作。

自从成为九年级的"大学生"以后,我的世界里似乎只有两件事:做题——考试;考试——做题。同学们有的自信满满,有的叹气连连,甚至有人经常哼唱从网络上复制来的改编歌曲《因为考试》,来打发自己无聊或者无奈的时间:

再考不出那样的成绩,听到分数红着脸躲避,虽然会经常忘记,有人已经放弃。因为成绩,不会轻易增长,所以一切都是奋斗的模样。因为难度,简单的增长,我们随时都在为它疯狂。因为考试,怎么会没沧桑,即使我们还是年轻的模样。因为中考,在那个地方,每个六月有人在那个战场,生或阵亡……

我虽然属于自信满满的那类学生,学习上也算自觉,课堂上也能自律,是父母放心的乖孩子。可是,进入九年级以来,整天做题做题,满脑子里都是各种各样的符号了。我虽然没有心思翻唱人家的歌曲,但是真的已经感觉身心俱疲。

所以,知道元旦要放假三天,我高兴极了。赶紧和几个同学约好,趁着放假骑自行车去一趟湿地公园,呼吸一下新鲜空气,锻炼锻炼身体,好好放松一下,然后再拼搏战斗到期末考试。

可是,孩子的计划远远跟不上父母的变化。

早上刚吃完早饭,我收拾行头正准备出门呢,爸爸忽然通知我:"我跟人家约好了,今天上午你去补习化学。"完全不容置疑的语气,完全没有顾及我的意见的意思。

"我也和同学约好了,去公园玩。"我非常不高兴地说。我都多大了呀,做什么事情也不事先征求一下我的意见,哪怕是提前告诉我一声。现在,我的同学肯定已经在约好的地方等着我,我却要临时变卦,我怎么向他们解释?

爸爸见我不高兴的样子，竟然非常意外地说："明年六月就要中考了，你现在还有心情玩？期中考试的时候你的化学成绩不是很不理想吗？我请了老师趁着放假帮你补习补习，不对吗？我觉得你自己应该比我还着急呢。再说了，这位老师是我朋友的朋友请的，人家从来不做家教，不是为了赚钱，是觉得你考重点高中很有希望，才答应牺牲自己的休息时间来帮助你的。你说应该怎么办？"

听爸爸一口气说了这么多，我觉得很有道理。爸爸说的确实是我的真实状况，我也确实应该补习一下化学。但是，爸爸既然早有这样的打算，如果事先跟我说一声，我就可以调整我的"放松计划"，就不至于让自己失信于同学。

没办法，失信于老师和失信于同学来说，我只能选择后者。我要不去补习，爸爸向朋友解释、朋友向朋友解释，很麻烦且不说，更对不住那位老师的一片好心和诚意。还是由我自己直接向我的同学解释好了。

但是没想到的是，同学都非常支持我的决定，让我先按照爸爸的约定去补习化学，他们愿意等着我，下午我们再一起去湿地公园。

爸爸听到我们能有这样的改变，很高兴，一个劲儿地夸我交了一些通情达理的朋友！

就这样，上午，我去认真地补习了化学；下午，我和同学去了公园，玩得非常开心。

虽然计划不如变化快，出现了突发情况，但结果却是皆大欢喜，只因为有了我们父子比较理智的沟通方式。

话外音：取舍

做人要懂得取舍，不能一边要猴哥的身材，一边还想过着八戒的生活。当学习和休息产生矛盾，家长要帮助孩子作出合理的选择。对发生冲突的事情作出取舍，重新安排，才能最终取得双赢。

漫画引发的雷霆

邱云菲,女,13岁,射手座,天生乐观、崇尚自由、不肯妥协的享乐主义者。喜欢舞文弄墨,有文章曾经在报纸发表过。人生格言:两眼一睁,未来触手可及;两腿一蹬,一切皆成过去。

周六上午,我按照惯例在家里写作业。因为作业特别多,我马不停蹄地忙活了一阵子,感到有点儿累,也有些莫名的烦闷和怨恨。

学校里整天说要给我们减负,平时搞了那么多活动,占用了大量的学习时间。而老师们为了让我们获取好的考试成绩,就只能通过布置大量的作业来补缺。又是课前预习,又是课后练习,仿佛家就是我们的另一个补习学校。我真弄不明白,所有的知识都要靠我们在家自学,还要去学校干什么呢?

郁闷的时候,我就想看看喜欢的杂志。于是,我顺手拿起了身边的一本漫画书就看了起来。

可是,没看多久,忽然房门被打开了,露出妈妈满是怀疑的脸。我赶紧把书扔下,假装写作业。妈妈没有发现我在"开小差",就默默关上房门离开了。

平安躲过一次,我又做了一会儿作业,然后故伎重演,结果不自觉地进入了漫画故事的情境之中。妈妈悄然而入,我被逮个正着。

我自知理亏,不认真写作业还偷看漫画,显然是我不对。但是,由于我心情实在不好,面对妈妈的责骂,也没好气地顶撞起来。

妈妈看我不但不知错而且还强词夺理,就立刻怒火中烧,不但把我的漫画书没收了,还发誓说以后再也不准我买漫画书了。

妈妈气呼呼地离开了,我也气呼呼地坐在那里,愤愤不平地待了一会儿,只能继续写我没完没了的作业,尽管写得潦潦草草。

郁闷地吃完午饭,妈妈让我自己收拾房间。我顺从地答应了,并立即开始收拾东西。就在我漫不经心收拾书书橱的时候,突然看到一篇小时候曾经在一本杂志上发表的作文,很有趣,就不由自主地翻看了起来。

没想到妈妈又走进来,以为我在看杂志而故意不收拾房间,她就很生气,又开始骂我。我也有点生气了,我不是故意贪玩凭什么挨骂?看看自己的文章都不行吗?我又不是机器人,摁上开关就按程序干活。平时还口口声声说要培养我这种能力、那种本事呢,哼,满嘴谎话,理论而已。

但是,我只能按照妈妈的要求扔掉作文收拾房间。整个下午无语。

晚上,我看见坐在客厅看电视的妈妈脸上荡漾着笑意,看来她心情不错,或许早已忘记了白天发生的不愉快。最近,妈妈脸上一直冷若冰霜,一定是在单位遇到什么不开心的事情,我想,所以后悔自己惹妈妈生气。

我想和她聊一聊最近的学习情况,还有我对中考的担心和顾虑。中考临近,大部分同学都有一些惶恐不安,尤其是像我这样,学习成绩不是非常的突出,考入满意的高中不是很有把握的。一旦考不上高中,就只能读职高了。虽然学习一门技术也不错,但是我的理想是考上满意的高中,然后冲击满意的大学。

"妈妈,要是万一我考不上高中,能补考就好了。"我小心翼翼地试探着说。

"别痴心妄想了,"妈妈的脸竟然马上就晴转多云,"怎么能依靠补考呢?你怎么会有这样的想法?你现在只管好好复习就行了,考虑这些纯粹属于浪费精力和时间。只要你集中精力认真学习,就不会胡思乱想了。还想着补考,看来你是心存侥幸!"

真没想到,我的一句问话,竟然招来妈妈的一番批评。我心里感到非常不痛快,我说:"不就是想想嘛,不是担心自己考不上吗?"

"你对自己那么没有信心能考上吗?再说了,你白天还悠闲地看漫画呢,平时又看电视又玩电脑的,那样就能考上高中才怪呢。"妈妈不依不饶。

郁闷!沟通之火遭遇水泼。一本漫画,竟然持续引发妈妈的雷霆。我扔下手里的电视遥控器,跑回自己的屋里,不再出声。

话外音:理解

在家庭中最悲哀的事情,是给了孩子翅膀,却不让他飞翔。是不是,只有孩子给了父母想要的努力和成绩,父母才会给孩子所希望的认可与关怀?面对繁多的作业和中考的压力,孩子最需要的应该是父母的理解、安慰和鼓励。看漫画是学习劳累时放松自己的手段,不应该成为造成母女关系有欠和谐的导火索。

"恶补"的青春

秦乘龙，男，13岁，处女座，性格内向，喜欢逃避，是做事一丝不苟的完美主义者。人生格言：踩着别人的脚印，不如开辟自己的道路。生活感悟：空欢喜就是早上醒来，以为自己长高了，仔细一看，原来是被子盖横了。

从网上看到周立波说："你不疯，不闹，不任性，不叛逆，不逃课，不打架……就只因为要学习，请问你这样的青春是喂狗了吗？"

我的回答是：我的青春没喂狗，但是一直在"恶补"。

爸爸妈妈都没有上过大学，但是却坚信"金凤凰"也能来自"鸡窝窝"。尤其是爸爸，忧患意识特别强，他三番五次对妈妈说："咱没本事和别人拼钱，也没能力和别人拼权，咱手里有的只是孩子，所以咱只能和别人拼孩子。虽然孩子可能会受点儿苦，但是至少能长一身本领，巨划算！"

于是，他俩把所有希望都寄托在了我的身上，不惜一切给我补充知识营养，也不管是不是让我白长了一身知识的脂肪。

在他们的强力关注之下，我以优异成绩考入著名初中，这让爸爸妈妈引以为荣。但是，初中，竟然成为我"恶补"生活的开始。

七年级期末考试时，有一门学科我忘记了写名字。老师为了惩罚我，就狠狠地扣了50分。结果可想而知。开完家长会后，爸爸的脸简直没法看了，回家后就破口大骂。我感觉很委屈，爸爸不关心我的真实成绩，那么轻易相信一个数字。而且他说过的，无论我的考试成绩怎样，他都不生气、不骂人，可是他食言了。

虽然我很不服气，但懒得解释。这件事情的结果是，在以后的日子里，请家教补习成了我的重头戏。

先是请家教补习那门所谓的弱科。几个星期之后，家教老师发现其实我并不差，不用再单独辅导，于是我得以解脱。解脱不久，新的麻烦来袭：第一次物理考试，我的成绩差的一塌糊涂。这让爸爸妈妈如临大敌，坚决找了辅导老师，让我周六上午在家学习物理。我以为也就是辅导一两次而已,但是,跟辅导老师交流了一番之后我才发现,竟然要辅导整整一个学期。这意味着,在以后的每一个周六的上午,我必须待在家里等辅导老师来给我上课。

就这样,周六上午补物理,下午学英语,晚上练钢琴,星期天再完成老师布置的所有作业。我的休息日如此之惨啊!想到这些我真的很不情愿。一个本来应该快乐轻松的初中,何苦让我这样度过?

平时接受这些补习也就罢了,妈妈连暑假也不放过。

好不容易盼着放暑假了,我准备约着好朋友去看电影,好好放松一下。没想到放假的第二天晚上,妈妈就用不容置疑的口吻告诉我说:"期末考试成绩很差,这个暑假你就别到处乱跑了,电脑也别玩了,我给你请了几个家教老师,在家里好好补课吧。"

我一听就有点不乐意了,一下就给我请了几个家教老师,也不事先问问我:喜欢什么老师,男的还是女的。如果请的家教老师我不喜欢,补习效果会好吗?如果没有好的补习效果,妈妈不是瞎花钱吗?再说了,几个家教老师,意味着整个假期我家就成了一所学校,而我是唯一的学生。家变成了学校,除了学习,我别无选择,除了补习,我无他生活。

虽然屈从了妈妈,每天轮番跟几个家教老师补习,但是我很不开心,就没事找事乱发脾气,随意顶撞爸爸妈妈,然后吵架。甚至一个人疯狂地玩电脑到深夜,直到被爸爸发现,然后大发雷霆。

其实,我也就是发泄一下,我知道父母是为了我好。我一直认为自己毫无疑问是祖国的蓓蕾,但从没想到需要"恶补"才能盛开。

难道,我的美好青春就这样在"恶补"中度过?我生命的蓓蕾,"恶补"之后就能如父母所愿顺利盛开?

话外音:疲惫

有的人的生活就好像在高速路上,拼命地想超过人家,却不知道人家是去哪里。时下许多父母,把自己出人头地的希望,全部寄托在孩子身上,无休止地攀比,盲目地效仿,使得孩子一直处于不得喘息的忙碌状况。这样长期以往,孩子就很容易疲惫不堪,产生心理问题也就在所难免。

言而无信的背后

江中禹,男,13岁,巨蟹座,记忆力很好,求知欲很强,想象力也极丰富。乐于助人,有时候爱猜疑。人生格言:人生有几件绝对不能失去的东西:自制的力量、冷静的头脑、希望和信心。

小学毕业以后,在选择报考初中学校的时候,妈妈征求过我的意见,让我报考现在的这所民办初中。这所民办初中是寄宿制学校,只能每两周回家一次。

我说报考可以,但必须有两个条件:一是让我走读,二是允许我周六、周日打篮球。妈妈答应了,说没问题。

我顺利考入了这所初中。入学以后妈妈却告诉我,学校不允许学生走读,而且即使走读每天接送也很不方便,让我住在学校里。

我无可奈何勉强答应了。只能在学校和六个人住在一个房间里,洗漱很不方便。学校检查很频繁,也很严格,铃声一响,我不敢说话、不能吃东西,只能乖乖地睡觉。

可是,看看有的同学能够天天回家,我心里就很不舒服,也很不情愿,就开始埋怨妈妈言而无信,把我骗进了学校的大门就不管我了。

因为心里有这个疙瘩,每一次回家我几乎都要和妈妈吵一架。妈妈诧异于我的叛逆和不懂事,却不明白我这样做的原因,我也一直不明说。

周六、周日在家的时间非常紧张,感觉只做了写作业、吃饭、睡觉几件事,两天的时间仿佛转眼之间就过完了。偶尔打打篮球,但一个人感觉很没意思。

但是,我的同学几乎每个星期天都会组织篮球比赛。我很想和他们一起玩,既锻炼了身体,也增进了同学之间的感情。不仅如此,篮球场上你争我抢也很锻炼人,球技提高的同时应变能力也得到了锻炼。但是妈妈言而无信,说什么也不让我去参加篮球比赛。我非常不理解,妈妈阻拦的次数多了,我就非常不耐烦地和她吵架,或者一个人偷偷地溜出家门,去参加同学们的篮球比赛。

有一次,篮球比赛异常激烈。对方的球队里来了一个不知姓名的大个子男孩,球技不错,争抢能力特别强。在争抢篮球的时候,我不小心被他撞倒在地了,磕破皮的腿血流不止。

同学赶紧打电话告诉了我的妈妈,爸爸妈妈火急火燎地赶到篮球场,不由分说就把我送进了医院。医生检查以后,竟然让我在医院住了下来。

在医院的日子里,我断断续续地明白,自己小时候患有血小板减少症,一旦碰撞大出血,后果将不堪设想。妈妈不愿意增加我的心理压力,就没有对我细说详情,所以,一直阻挠我参加篮球比赛,只偶尔允许我自己玩玩篮球。

后来班主任找我谈话,又说起了妈妈,也说到了住校的事情。我终于明白,原来妈妈是真的想让我走读的,其实她很舍不得我住在学校里。当时报名的时候,她也认真地问过招生人员,人家也答应了可以走读,但是后来想到走读的学生太多了,学校管理起来很不方便,就劝说家长放心地让孩子住校。妈妈只好答应了。

误会消除了,怨恨烟消云散。知道事情的真相以后,我心里很是歉疚。那些日子里真不该对妈妈不理不睬和无理取闹。我主动和妈妈交流了思想,问题迎刃而解,我们和好如初。

这件事以后,我感觉自己慢慢长大了,渐渐学会了体谅自己的父母。我相信他们做任何事情的出发点都是为了我好,我应该先体谅他们的良苦用心,减少与他们的冲突。我自己健康快乐,他们也会备感欣慰。

妈妈言而无信的背后,原来是妈妈的良苦用心。我自责,我自豪,有这样的好妈妈。

话外音:亮点

如果面前有阴影,背后一定有亮点。家长的良苦用心和宽容相待,就是孩子生活里出现阴影时背后的那个亮点。当关爱成为一种自觉,宽容成为一种习惯,任何家庭的季节里可能就没有了冬天。

"小宇宙"终于爆炸啦

沈天放,男,13岁,双子座,聪明机灵,不爱学习,语言天分极好。建议大家对他的长相理解为主,欣赏为辅。最喜欢的网络流行语:你的头脑是日用品,而不是装饰品。

七年级结束的时候,我的考试成绩一塌糊涂。与上学期相比,不但没有很大的进步,数学和英语学科的成绩还下降得非常厉害。我知道,这都是因为我贪玩的缘故。

爸爸开完家长会以后,几乎整天阴沉着脸,很不开心的样子,以至于暑假一开始,他就自作主张给我报了三个学习班:上午是两个半小时的数学,下午是两个小时的英语,晚上还有一个半小时的物理预习课。

拿到爸爸亲自给我制订的暑假学习时间安排表,我的头就"嗡"的一声大了,简直连死的心都有了。

但是,我别无选择,只能默默地按照表格的安排去上课。谁让我在学校时不认真学习,以至于学习成绩那么差呢?

有一天下午,英语老师临时有事,不能按时上课了。看着爸爸接到电话时失望的样子,我却开心得不得了。也就是说,只要爸爸上班时间一到离开家,那么,整个下午的时间就都归我支配了,我要趁此好好地休息一番。

我祈祷爸爸的手机铃声快快响起,那样,他就只能早早地离开家门了。

天随我愿,上班的时间还没有到,爸爸就接到电话出门了。我迫不及待地打开电视机。自从放了暑假,我与电视机简直就被分到了两个世界,难得近距离接触一次。

可是,事与愿违,我正躺在沙发上准备把各种节目一一看下去呢,没料到爸爸一下子就开门进来了。我还没来得及从沙发上爬起来,爸爸一看见电视里播放着节目,就火冒三丈地冲过来使劲儿踹了我一脚。

"你这个浑小子,不在家好好学习,就知道看电视!"爸爸几乎是怒吼着,脸都变形了。

我才刚刚看了一会儿电视节目而已,爸爸竟然为此踹我。当时我也不知怎么了,自己的"小宇宙"也终于爆炸了。我从沙发上跳下来,冲着爸爸大叫:"我看电视怎么啦?你凭什么光叫我学习?你小的时候不看电视吗?"

爸爸大声地说:"我从来不看!"

我哼了一声:"那是因为你家里穷,没有电视可看!要是你家里有电视,你比我看得还厉害呢。"

爸爸不知哪来的火气,竟然又靠近我,扬起手准备再给我一巴掌,我机灵地躲开了。我赶紧跑到自己的房间,反锁了门,眼泪禁不住"吧嗒吧嗒"地掉下来。

如果妈妈在家里就好了,妈妈肯定不会因为我看电视而对我大打出手。可是,妈妈到北京进修去了,还有半年的时间她才会回来。这半年里我该怎么办啊?

我忍不住给妈妈打电话,妈妈听了我的诉说,劝我说:"你爸爸很要强,他自己很优秀,当然也希望你能够出人头地。但是,你学习没有进步,自己又不积极努力,还是那么贪玩,他怎么能不生气呢?再说了,今天,他可能在单位遇到什么不愉快的事情了,所以才忍不住向你发火,你就先谅解一下吧。"

听了妈妈的话,我觉得有道理。最近爸爸的手机经常不分时间段地频频响起,爸爸在电话里也是屡屡大发雷霆。看来,身为领导的爸爸工作上一定遇到不顺心的事情啦,我还是不招惹他为妙。

我擦干了眼泪,悄悄地打开房间的门,然后拿出了英语书。

话外音:无聊

如果不是处于需要,即使给孩子买一只精致的小表,他也会感觉时间是那么无聊。孩子"小宇宙"的爆炸,证明父子关系已经濒临仇恨的悬崖。希望孩子能够出人头地的愿望无可厚非,也可以理解,但是,打着教育孩子的旗号,来排解自己来自工作方面的烦恼,无异于给孩子买块手表让他感觉时间的无聊。

需要的才是适合的

贾子珍,女,12岁,金牛座,慢条斯理,不温不火,喜欢表演,有艺术潜质,模仿宋丹丹惟妙惟肖。最喜欢的格言:长得漂亮是你的优势,活得漂亮是我的本事。生活感言:如果你很有天赋,勤勉会帮你完善自己;如果你能力一般,勤勉会帮你弥补缺陷。

我的老家在农村,爸爸和妈妈来省城开饭馆已经十年了。我七岁半的时候,家里有了积蓄买了一套二手房,就把一直在老家跟爷爷奶奶生活的我接到了省城来上学。

饭馆附近有一所小学。平时爸爸妈妈在饭馆里打理生意,下午放学后,我自己直接来饭馆或者回家,爸爸妈妈还算省心。

但到了暑假他们就犯愁了:那时候我只有八岁,成天把我一个人扔在家里真的很不放心,他们又腾不出时间在家照顾我。各种暑假培训班倒是很多,但都在离家很远的地方,而且没有专门的车接送,很不方便。把我送回老家吧,他们又舍不得。所以,他们很着急,不知怎么办才好。

有一次,爸爸的朋友于叔叔来饭馆吃饭,妈妈说起了这件烦心事。于叔叔在一所大学的团委工作,说正好学校在组织一项假期留校大学生和中小学生家长双向选择家教的活动,他可以帮着推荐一名大学生给我当家教老师。

于是,在于叔叔的引荐下,爸爸妈妈选择了一名也是来自农村的女大学生小吴姐姐给我当家教。根据约定,小吴姐姐吃住在我家里。每天上午9点,她就开始辅导我学习,中午给我做饭,下午可以和我一起看电视、做游戏或者在小区附近玩,晚上再给我做饭,并陪伴我休息。这样,我每天都有人照顾、辅导学习,爸爸妈妈就可以专心照料饭馆的生意了。

因为我性格非常外向,又在老家长大,所以成天无拘无束的,有点调皮,也不太服从父母的管教。但是,自从小吴姐姐住到家里以后,用妈妈的话说,我像变了个人似的,整天"姐姐长姐姐短"的,不离小吴左右。

爸爸妈妈当然很高兴,但也很纳闷:小吴姐姐有什么魅力让我那么着迷呢?其实,如果他们像我一样仔细观察就会发现,小吴有很多好习惯:早睡早起、讲究卫生、做事井井有条。而且她读书很多,知识渊博,我千奇百怪的问题总能在她那里得到解答。出乎意料是,她做饭的手艺竟然也不错,做的每一样菜我都喜欢吃。所以,我特别崇拜她、喜欢她。

将近两个月的暑假过后,在小吴姐姐的影响下,我也渐渐养成了早睡早起、认真学习、痛快玩耍的好习惯。这让爸爸妈妈感到特别欣慰,不仅欢迎小吴以后要经常来家里做客,还约定下一个假期继续请她来给我做家教呢。

现在,小吴姐姐大学毕业了,我爸爸妈妈帮着她找到了一份非常不错的工作。她虽然不再住在我的家里,但是每到周末,她还是来我家玩,并一直关注着我的学习。

其实,自从她做了我的家庭教师,尤其是我喜欢上她以后,我的学习成绩可以说是突飞猛进。现在,我不但顺利考入了大家争相报考的初中,而且因为有了好的学习习惯,现在学习起来很轻松。

我非常感谢我的家教老师小吴姐姐。现在,我班里有很多同学都请家教,周六、周日一刻不停。但是,有很多同学的学习成绩和学习习惯却越来越差。有的同学只是依赖家教老师帮助完成家庭作业,而自己上课依旧走神或者兀自玩耍。

我不明白也感到非常纳闷:同样请家教,他们怎么会出现这样的状况?为什么请家教的效果差别这么大?难道是与请的家教老师有关系吗?

话外音:适合

家长要教会孩子怎样做一棵快乐的小草或者如何长成参天大树,而不能只关注小草开出了什么花、大树结了什么果。请家教就像种树养草的一种手段,一定要因人而异,绝对不能盲目跟风。孩子需要的、适合孩子的家教老师,才能真正起到帮助培养孩子良好的学习习惯、提高学习能力的积极作用。

第四章
榜样的力量是无穷的

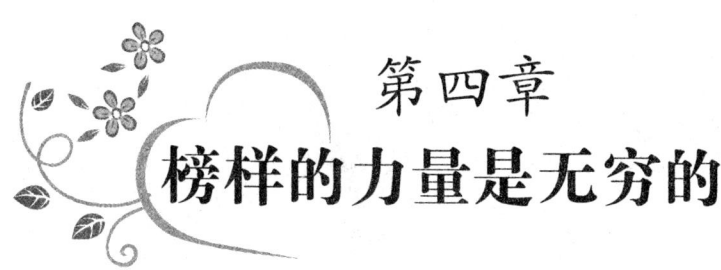

榜样的力量是无穷的

> 教育孩子的实质在于教育自己,而自我教育则是家长影响孩子的最有力的方法。
>
> ——列夫·托尔斯泰

毋庸置疑,家长是孩子的第一任老师。在孩子成长的过程中,父母的言传身教对孩子的品行养成起着无可替代的潜移默化的至关重要的作用。父母的品行,是留给孩子最有价值的财富。

家长的模范和榜样的力量,对孩子的成长有着很大的影响。如果家长言行一致、以身作则,孩子就会学着言出必果、信守承诺;如果家长喜欢弄虚作假,孩子就会学着矫揉造作;如果家长做事三心二意,孩子就会学着浅尝辄止;如果家长自傲自满,孩子就很难学会低调淡然;如果家长喜欢追名逐利、好高骛远,孩子就很难满足于守住心灵的安然;如果家长不懂得感恩,孩子就很难学会承担责任;一个把安逸和享乐作为生活目标的家长,很难让孩子拥有高远而高尚的理想;一个只知道一味地挖苦、贬低孩子的家长,不但会导致孩子的反抗,还很难让孩子学会欣赏别人……

所以,生活中,家长一定要注意自己的言行,无论思想品德,还是生活细节,都会成为孩子效仿的对象。作为孩子的第一任老师,就是孩子学习的最好的榜样,千万不要小视了自己作为榜样的力量。

要成为孩子最好的榜样,家长也要与时俱进、不断学习,与孩子一起共同成长。有的家长明明只教着孩子怎样开拖拉机,却口口声声告诉孩子说这就是开飞机的技巧。孩子会信以为真地照样起飞,结果会摔下来甚至摔得很惨。所以,不断地借鉴和学习,讲究方法和技巧,才能做孩子最好的榜样。

生命因榜样而美丽,人间因感恩而和谐。若是老一辈的动物没有教会小动物生存的本领,光怪小动物是没有道理的。同样,有海阔天空的家长,才有孩子海阔天空的未来。做孩子的榜样,是家长教育孩子最给力的方法。

"羊妈"的力量

朱子萱,女,13岁,好奇心强,喜欢创新求变。面对竞争压力时,战斗力十足。最喜欢的网络流行语:失败是一根绳子,有的人把它当做了自缢的工具,有的人则用来继续攀爬更高更险的山峰。生活感悟:成功没有电梯直达,只能拾级而上。

有的同学经常和爸爸妈妈吵架,这让我感到很奇怪,都是互相爱着的一家人,有什么事情不能平静地交流而非得大吵大闹呢?大吵大闹除了增添让人更生气的原料之外,好像根本就不能更好地使问题得以解决。

长这么大,我几乎从来没有和妈妈吵过架,只是偶尔任性一下。因为我的妈妈温顺如羊,无论在家还是在单位里,她从来没有和人面红耳赤过。因为妈妈不会吵架,被大家戏称为"羊妈"。其实我知道,妈妈的好脾气源于她的善良和宽广的胸怀。

虽然从不打骂,但妈妈总是默默地用行动告诉我:应该做什么、应该怎样做。她身体力行的教育,虽然无声,却力量无穷。

例如那年夏天,妈妈东挑西选地买来棉布,然后就在书房地毯上一针一线地为她的奶奶做褥子和尿不湿。

我感到很奇怪,现在商店里各种褥子都有,花点钱买几条不就行了,干吗这么辛苦地自己动手呢?

妈妈说:"买的那些不一定合适,因为是夏天,躺在床上的奶奶又尿失禁,需要换洗的小褥子特别多。自己动手做的,奶奶用起来更舒服更方便,还容易洗。"

"那你把布料拿回老家,叫别人做不就行了吗?"

"大家都很忙,整天伺候奶奶已经很累了,我不能再给他们增添负担。我做好了拿回老家,他们只管用就可以了,这样方便。"

我明白了,不能因为自己要表达爱心,就给别人增添麻烦。

记忆中还有一件事让我刻骨铭心。那年我九岁,刚刚开始学习毛笔书法。恰逢某公司举行活动,凡是送交书法作品的人均有奖励,一等奖的奖金更是非常诱人。

书法班的同学都积极参加,我当然也不例外。根据老师给我书写的样稿,刻苦练习了一段时间。虽然我写的字还算可以,但因为练书法的时间实在太短,比起那些已经写了好几年的同学的作品,我的就不能算是优秀的了。

老师帮我签写名字的时候,指着他写的样稿,开玩笑说:"把这张交上去吧,准能获奖。"妈妈笑笑,没说什么。

走在回家的路上,我试探着问妈妈:"把老师写的交上去吧,得个一等奖,把奖金送给老师!"

妈妈问:"你真的想把老师的交上去吗?"

我说:"我想。老师的这张肯定能获奖。"

妈妈说:"你才学习了两个月,即使是评委把一等奖给了你,你能心安理得吗?"

我没有说话。我发现有同学经常这样:让父母写的作文,假装是自己写的,参加作文大赛受表彰;明明是美术班老师画的画,写上自己的名字拿到学校里参加书画比赛,获奖后还骄傲得不得了。我为什么不可以呢?

妈妈见我没有说话,就对我说:"如果你真的想交老师的那张作品,你就去交。但是要做好各种心理准备。"

鬼使神差,我选择交了老师写的那张字。

从那以后,我的心情就再也不平静了。一会儿期待着获得一等奖,一会儿感觉自己在弄虚作假。眼看评奖就要揭晓了,我终于下决心对妈妈说:"我后悔了,我想退出比赛。"

妈妈笑着说:"我一直在等着你对我说这句话呢!"

后来我知道,交上去的老师写的那幅字真的获得了一等奖。妈妈早就去说明了事情的真相。于是,一等奖就换成了别人的名字。

话外音:启迪

最宽的道路不是大道,而是坦荡;最好的教育不是灌输,而是启迪。没有劳动的学问结不出果实,相反还可能导致罪恶。家长让孩子自己感悟得出的道理,要比灌输有力量得多。让孩子通过体验,知道凭借自己的实力实现自己的价值心里才最踏实,做好自己的事情才最心安埋得。

爸爸真给力

徐晓天,男,14岁,天秤座,性格外向,感情丰富,看待事物较客观,能够设身处地为人着想。最喜欢的格言:拥有梦想只是一种智力,实现梦想才是一种能力。生活感悟:不是人人都能活得低调,可以低调的基础是随时都能高调。

爸爸不但完成了历时四年的自学考试,并以优异成绩拿到了大学本科的毕业文凭,而且顺利考取了律师资格。这对于只有初中毕业且已年过四十的爸爸来说,真的是一件非常不容易的事情。

几年前,我还是一名小学生的时候,爸爸所在的工厂倒闭了,他成了一名下岗人员。幸运的是同学帮助他找到了一份律师事务所的工作,于是爸爸就下决心要自学法律知识,通过考试拿到大学本科学历,然后考取律师资格成为一名专业律师。

其实,成为一名律师是爸爸年轻时的梦想。但初三那年,爷爷奶奶先后病逝,作为长子的他为了照顾弟弟妹妹就不得不退学了。

爸爸决心已下,并迅速制订了详细的学习计划。于是,工作之余的时间里,除了偶尔帮助妈妈做家务,爸爸的时间表里只有学习、学习。家里的电视机已经成了摆设,除了我偶尔看一会儿动画片,几乎没有人再看电视节目了。

开始的时候我非常不理解。爸爸那么大年纪了,学习基础那么差,要考取律师谈何容易?何必自找麻烦、自寻烦恼呢?

可是爸爸不这么认为。他说自己所在的律师事务所的人几乎都是法律专业毕业的大学生,每一个人都可以成为自己的老师,自己为什么不充分利用这么好的学习机会,实现自己多年的梦想呢?

爸爸用顽强的毅力开始了自己的梦想之旅。他在事务所里的不耻下问人人皆知。同事们不但没有讥笑他,反而都不厌其烦地帮助他解答各种问题,这让理解力本来就很强的爸爸进步很快。

在家里,爸爸每天晚上都学习到深夜。他用手机记录了一些法律专家的讲座,看书累了的时候就戴上耳机倾听,几年如一日。

为了支持爸爸,最爱看电视的妈妈也几乎戒掉了电视节目。每天吃罢晚饭,她就坐在我的屋里陪我写作业。尽管房门紧闭,但我们说话的声音很小,只是为了不影响爸爸静心学习。

四年级以前,我的学习成绩很一般,在年级里顶多算是中上等水平。可是看看那么刻苦学习的爸爸,还有不辞辛苦的妈妈,我开始感到非常惭愧,不由自主地劝说自己一定要向爸爸学习,尽自己的最大努力争取一个好成绩。

升入初中以后,随着学科的增加,有的知识学习起来真的感觉有点吃力。有时看同学们正在玩耍,我也真想痛快地玩一玩。可是,爸爸学习的背影,妈妈期待的目光,都不断提醒我要学会担当。

虽然爸妈从来没有要求我一定要考什么名次、什么成绩,但他们的不强求和他们对我的极大信任,却让我时刻提醒自己,意志是可以磨炼的,偷懒的念头是可以消除的。爸爸为实现梦想所做的努力,也越来越让我感到自己学习机会的宝贵和肩膀上的责任。

梦想绝不是梦,两者之间的差距通常都有一段非常值得人们深思的距离。曾经有人说,对爸爸而言考律师就如同做梦,不如趁早放弃。但是爸爸不仅用行动证明成为律师不是梦而是梦想,而且执著地让自己的梦想得以实现。

爸爸真给力!他让我看到了梦想的力量。俞敏洪说过,蜗牛只要爬到山顶,和雄鹰看到的景色是一样的。爸爸就是一只有梦想的蜗牛,终于看到了雄鹰看到的风景。

我要向爸爸学习,即使不能成为翱翔天空的雄鹰,但也要成为一只拥有梦想的蜗牛。

话外音:梦想

人生最精彩的不是实现梦想的瞬间,而是坚持梦想的过程。梦想一直跑在前面,人生的意义就是要一刻不停地追寻它,直到和它保持同步。一个人即使资质平庸,但如果能意志坚定、持之以恒地坚持做一件事情,那他也很有可能获得最后的成功。生命是一种回声,你奉献最好的,就会收获最好的。家长为实现梦想而付出的努力,成为孩子积极向上的榜样和力量。我们绝不能开始时为梦想而忙,后来却因忙碌失去了梦想。

献爱心也要讲智慧

付欣然,女,13岁,水瓶座,心胸宽大、爱好和平,主张人人平等。最喜欢的格言:一个人能走多远,要看他有谁同行;一个人有多优秀,要看他有谁指点;一个人有多成功,要看他有谁相伴。生活感悟:善良是唯一不亏本的投资。

星期六的上午,我和爸爸妈妈一起去湿地公园玩。

走在车水马龙的路上,我很激动。这是爸爸妈妈三个月来第一次陪我玩。他们都太忙了,每天的午饭也是我自力更生。没办法,谁让我拥有这么优秀的父母呢。

正胡思乱想着,我看见前面有一个女人,背上背着一个小孩,也就是两三岁的样子,旁边还跟着一个女孩,看样子也不超过十岁。那女人手里拿着一个饭盆站在路边,一边不断地伸手举盆,一边不住地弯腰鞠躬。可是,来来往往的人们不断与她擦肩而过,却没有人理她,有人脸上还有嫌弃或者不屑的表情。

妈妈让爸爸停下车,然后就向那女人走去。我以为妈妈要去给她钱呢,就赶紧拿着钱包跑过去,没想到妈妈却对那女人说:"后天就是八月十五了,你赶快带孩子回家过节吧,别依靠乞讨过日子了。你可以不要自己的尊严,但是你的孩子呢?你愿意她们长大以后和你一样不要尊严地依靠乞讨生活吗?"

那女人先是冷冷地看了看妈妈,接着就羞惭地低下头,把头使劲地摇着。然后抬起头看看妈妈,眼里竟然有泪花。

"如果你不愿意孩子长大以后不讲尊严,你最好现在就停止你的行为。要不,她们一定会跟你学的。因为你是她们的妈妈,是她们最直接的老师。"妈妈义正词严,就如同她作为律师站在法庭上。

那女人默默收拾起手里的盆子,一声不吭就离开了。

妈妈回到车上,爸爸开玩笑道:"又给人上了一课?"

妈妈笑了,然后认真地说:"以前遇到这种人,总是忍不住给她一点钱才感觉心里安稳。但是我发现这样根本就不能帮她们解决最根本的问题。只要能从别人手里轻易要到钱,她们就似乎尝到了甜头,就不再动脑筋、想办法依靠自己的双手去改变生活困境。现在竟然带着两个孩子上街乞讨,不但她自己没有希望了,而且也不给孩子引导一条正确的道路。简直毁了下一代!"

爸爸笑笑说:"你说的一点没错。让她要不到钱断了念想,可能就不再指望着走这条路了。说不定以后就学会用自己的双手工作挣钱了呢。"

"以前遇到老奶奶坐在路边乞讨,你毫不犹豫地掏出 100 元钱给了她。现在为什么不但不给这个带着两个孩子的女人钱,而且还批评她呢?"我问妈妈。

妈妈说:"那老奶奶年纪很大了,但凡生活有保障,她是不会出来乞讨的。要么家里贫穷、孤苦伶仃,要么就是儿女不孝、生活无靠。咱们不能改变她的生活,就只能力所能及帮她一下。当然,今天这个女人不知道属于什么情况。但可以肯定的是,带着孩子拿着盆子上街乞讨,绝对不是解决问题的办法。她只有醒悟,才会有一个可能美好的未来,包括她的孩子。"

我觉得妈妈好聪明,好有正义感。她乐于助人,更善于用自己的智慧关注着这个特殊的人群。以前,有时候在街上遇到乞丐,我也是尽可能地给他们一点钱。虽然不多,但觉得那是自己奉献的一片爱心。但是有几次,刚刚在这条路上碰见一个四肢健全的人说钱包被人偷了,要点钱当做路费回家,第二天却又在另一条路上遇到仍在要钱的他。显然这个人不是遇到困难,而是专门靠骗人乞讨度日的,我还帮助了他。我当时就有一种被欺骗的感觉,自己的善良之心却被人利用,感觉很是气愤。

妈妈用自己的实际行动,教会我应该怎样用智慧奉献自己的爱心,救助他人的灵魂。

话外音:爱心

一颗爱心不仅能为别人黑暗的世界送去光明,更重要的是也能点亮自己的生活。但是,乐于帮助别人,也要分清帮助对象,要讲究方法和技巧,爱心献错了地方,反而起到坏的作用。律师妈妈的冷言冷语看似无情,但可能会把另一个妈妈的尊严唤醒。

他们一定微笑着

钱子微,女,13岁,巨蟹座,和善、体贴、宽容,对家人和好朋友非常忠诚。洞察力强,想象力丰富。成绩优异,爱好广泛,曾经获得省级硬笔书法大赛冠军。人生格言:如果不读书,行万里路也不过是个流浪者。生活感悟:笑是人与人之间最短的距离。

我的爸爸妈妈很相爱,互相深爱着的他们都非常地爱我。迈入初中的大门之后,我就有了这样的感受,它让我每时每刻都深感幸福。

被爱的感觉真好!

小学毕业以后,经过我的同意,爸爸妈妈为我选择了一所寄宿制学校。每周回家一次,每次在家待两天。在这短短的两天时间里,爸爸妈妈所给予我的,除了浓浓的爱,还是浓浓的爱。

还在上小学的时候,妈妈就根据好朋友的推荐,给我找了一位退休在家的老校长教我练习硬笔书法。老校长和蔼可亲,我和另外两个同学都很喜欢他,所以我们的书法水平提高得很快。

老校长还教我们一个以书法放松自己的好办法,那就是:每当学习累了的时候,可以在空白纸上随意地书写,什么字都行。我按照老校长的方法尝试了一下,真的不错。于是,每到星期六、星期天,在家里学习一段时间之后,我喜欢在空白纸上随手写几句自己喜欢的励志格言,或者刚刚学习的古诗词。

有时候回学校前忘记了收拾,信手书写的纸张就放在了我的书桌上。而等周五下午回到家里,我就会发现,在我原来写的字的下面多了一行或者几行字,和我写的内容一字不差。那是爸爸或者妈妈的笔迹。

大概,我不在家的时候,爸爸或者妈妈想我了,就会坐在我的书桌前,看着我写的字,然后情不自禁地模仿着写一遍吧。我经常想,他们在仿照我写的字而一笔一画书写的时候,一定是微笑着的吧。爸爸或者妈妈的眼前,是不是也会浮现出我写字时的神情呢?每一次想到这些,我心里就感到暖暖的。

爸爸和妈妈都不善言谈,从来没有对我说过什么甜言蜜语,但是,爸爸对我的体贴关心、妈妈对我的悉心照料,让我感觉到自己仿佛是被两棵大树呵护着的小草,幸福至极!

还有一件曾经让我深感奇怪的事。只要周五回家,一打开电视,每一次都是我在家时经常看的那个频道,好像还是我离开家时关闭的样子。难道,爸爸妈妈在家里不看其他电视节目吗?

我去问妈妈,妈妈笑笑说:"当然看啦,只不过,自从发现你喜欢看的节目之后,我和你爸爸也就喜欢看这个频道的节目了。"

可不是嘛,他们看我读什么书,就跟着读什么书;我喜欢看什么电影,他们就去看什么电影;我要学习轮滑,他们就不顾自己已经是"老胳膊老腿儿",也分别穿上了轮滑鞋,陪我一起练习……嘻嘻,两个重点大学毕业的高才生,倒成了我这个初二学生的"跟屁虫"。

我知道,他们只是在尽己所能地与我拉近距离,毕竟我们是两个不同时代的人,对有的事情可能有不同的观点和看法。他们能在繁忙的工作之余,这么耐心地观察并研究着我的一切,都是因为他们深深地爱着我啊!

他们在深深地爱着我!我也深深地爱着他们!我要尽我所能,珍惜现在拥有的一切,努力学习,以健康的成长和最好的成绩回报他们的爱!

话外音:幸福

爱是一种美德,可以给自己带来快乐,也能给别人带去喜悦。生活中有很多人,只期盼着迎接心中的大幸福,却丢掉了本该属于自己的小快乐。不妨学习文中的这对夫妻,用行动把爱的种子播在孩子的心田上,大家心中有爱,快乐无处不在。最幸福的人并不一定什么都是最好的,但他们懂得欣赏人生的美好。用真心交换真心,是幸福永远的前提。

穷追不舍的爱

孙嘉怡,女,13岁,巨蟹座,善良温柔,多愁善感,优柔寡断,有时缺乏自信,是爱做梦、爱幻想的艺术天才。钢琴考过十级,在学校举办的元旦晚会上,一曲《四小天鹅》一鸣惊人。最喜欢的网络流行语:没有一颗心,会因为追求梦想而受伤,当你真心渴望某样东西时,整个宇宙都会来帮忙。

记忆中,我的世界里似乎只有妈妈的面孔,爸爸仿佛离我很远很远。我曾经怀疑爸爸妈妈已经秘密离婚,我只是生活在单亲家庭。

上了初中以后,我才终于明白,爸爸只是长期在外地工作,由于工作需要,他两三个月甚至半年才能回来一次,而每次也是来去匆匆。我性格本来就有些内向,以前除了偶尔收到爸爸买给我的玩具,我和爸爸之间的交流很少很少,甚至可以说是几乎没有。所以,即使现在我长大了,每次爸爸回到家来,我还是感觉和他之间无话可说。

这似乎让爸爸很是着急。因为我发现,将近一年的时间里,只要爸爸回到家里,他几乎是每分每秒都想陪着我,没事找事地和我说话,或者不分早晚就想带着我到公园去玩或者到书店去看书。

开始的时候我还客气着,极力回应爸爸的话题,尽管我并不喜欢和他谈天说地,但我想尽量不让爸爸感到尴尬。可是,当每次回到家里,他就像个跟屁虫似的不停地跟在我身后絮絮叨叨的时候,我就不耐烦了,就开始想方设法逃避他。有一次,我和班里几个女生约好一起去溜旱冰,他知道后竟然也想跟着去而被我毫不客气地拒绝了。

爸爸渐渐发现了我的态度,也许很失望吧。有好几次,我旁若无人地看自己喜欢的电视节目,他只是默默地坐在一边,一副欲言又止的模样。

我以为和爸爸的关系也许就这样了吧,可是爸爸似乎并没有灰心丧气。他回到工作的城市以后,开始天天打起了长途电话。虽然我知道长途话费比较昂贵,但我就是感觉没有多少话对爸爸讲。所以,接到爸爸充满热情的电话的时候,我也只是"嗯、啊"地应付着,说不上几句就匆匆地挂断或者把话筒交给妈妈。

时间久了,我的做法可能真的伤了爸爸的心了。于是,虽然爸爸天天打电话回家,但不再明确要求我接电话了。他把自己要对我说的话都告诉了妈妈,然后让妈妈再转达给我。听着妈妈的诉说和解释,我的心里也会涌起许多的感动,爸爸是爱我的!我开始相信了。

后来,爸爸竟然给我带回来一个漂亮的手机。妈妈对我明确要求,不能把手机带到学校里去,而且只有在晚上做完作业以后,才可以打开手机。

虽然妈妈的这个要求有点怪,晚上做完作业时间就不早了,我的同学基本都已上床休息,谁还会打我手机?但是,妈妈一个人要工作还要照顾我,已经很辛苦了,我不能因为这件事情惹她生气,所以我完全按照妈妈的要求去做。

从此以后,每天晚上,当我打开自己的手机,看到的一定是爸爸的一条或者几条短信。有询问、有叮咛,还有学习方法或者幽默故事……读着这些爸爸用心血凝成的文字,慢慢的,我感觉爸爸离我越来越近了,有时甚至感觉他好像就陪在我的身边。渐渐的,我心里的冰层似乎慢慢消融了。

爸爸对我穷追不舍的爱,爸爸为我永不退缩的爱,让我终于明白:我已经长大了,我要调整步伐,争取能够早日与爸爸热情的心灵相呼应。

话外音:执著

愚蠢的人到远处寻找快乐,聪明的人则执著于脚下的幸福。凡幸福之花,都盛开在撒满辛勤汗水的土地上。家长用锲而不舍的爱,最终把孩子的心结打开。在爱的道路上,照样是细节决定成败。快乐的人不一定懂得感恩,但懂得感恩的人一定很快乐。有时候,孩子也要学会换个角度看问题,及时调换手中的遥控器,将心灵的视窗调整到快乐的频道,因为亲情的依偎极端重要。

"肿么"只有一盘菜

吴海猛,男,14岁,双子座,性格多变,有时令人难以捉摸,精力充沛、胸怀大志。典型的篮球控,所在篮球队曾经代表全县出战全市篮球比赛,夺得冠军。最喜欢的格言:人生最重要的不是我们置身何处,而是我们将前往何处。

我的家庭条件很一般,早在小学三年级的时候我就发现这个事实了。那时候,我的同学或者小朋友们几乎想要什么他们的爸爸妈妈就会马上给他们买来什么。而我不能。

记忆中印象最深的是有一次我过生日,爸爸妈妈说要奖励奖励我,带我去饭店吃饭。我真的高兴坏了,几乎告诉了班里的每一位同学我要去饭店过生日的这个消息。结果下午大家都问我中午在饭店吃了什么的时候,我就很不好意思说了。因为爸爸妈妈确实带着我来到了一家饭店,虽然饭店很小,但是我却兴奋异常。长这么大,我从来就没有在饭店吃过任何东西。可是那天,爸爸妈妈商量了半天,就点了一盘醋熘土豆丝。我们三个人吃了一盘菜、三碗面条,算是为我庆祝了十岁生日。

虽然我不太高兴,但是我知道家里比较穷,也就认了。从那以后,我就再也不嚷嚷着到饭店吃饭了。因为我知道,即使是去饭店,我也吃不着什么好吃的。爸爸妈妈根本就不舍得花那个钱。

升入初中以后,我的个子长得很快,饭量大增,说实话有时候我真希望妈妈能做点好吃的,改善改善我们的生活。但是,爸爸是环卫工人,妈妈做家政,每天很辛苦,挣钱也不多,特别是贷款买了现在住的这套小房子之后,他们就更加节约了。

那一次,我被学校选拔进了篮球队,准备参加县里举行的初中生篮球大赛。那些天训练量很大,老师嘱咐我们回家后多吃点有营养的东西补充一下能量。我虽然没抱什么希望,能像别人那样吃牛肉、喝牛奶什么的,但我也真的希望能改善改善目前的生活。

那一天晚上,我终于鼓足勇气和妈妈说了我的想法,妈妈也答应了,说是明天中午给我多做点好吃的。

第二天中午放学后,饥肠辘辘的我几乎是飞奔着回到家的。可是回到家之后,我的心情顿时一落千丈,因为我看见,在我熟悉的小饭桌上,一如既往地只摆着一盘菜:西红柿炒鸡蛋。

三个人只吃这一盘菜,我该怎么吃啊!我一个人吃都不够,还有爸爸妈妈,难道他们不吃了?我怎么能不让他们吃了呢?

我皱起眉头,妈妈昨天晚上还说今天多做点好吃的呢,说话不算话。我很不高兴。这时候爸爸却给我两块钱,叫我到楼下买点啤酒给他喝。

我没理他,独自生着闷气回到屋里,关上房门不再出来,任凭妈妈怎么说,我就是不开门。他们怎么能这样做事呢?平时节约一点儿也就罢了,现在我正在长身体,关键是我在篮球队打球,活动量这么大,再怎么穷也应该花点钱让我多吃点、吃好点吧。谁家的父母是这个样子的啊?

最终,没吃中午饭我就去学校了。我以自虐的方式,惩罚了我的妈妈。或许那天妈妈忘记了对我的承诺,或许那天她记得了但没来得及去买好吃的,或许还有其他我不知道的状况,妈妈才没有兑现自己的承诺。

后来,成天忙忙碌碌的妈妈也没再对我说什么,这件事情也不了了之。我静心一想,其实自己做的也欠妥当。应该先和妈妈沟通一下,看是不是她有别的原因。或者,在下楼去帮爸爸买啤酒的同时,让妈妈在家再做点菜也是可以的。

但是,这件事情在我心里还是留下了深深的伤痕,我下决心努力学习,我要凭自己的能力改变我现在的境况。

话外音:节俭

不能为了提高生活品质而浪费,但也不要因为节俭而放弃对生活品质的追求。有皱纹的地方表示微笑曾在那儿待过,有伤痕的地方表示曾经被伤害过。好在孩子心理健康,没有把来自家庭经济困难的伤,当做自暴自弃的借口,而是视为成长的动力。

幸福不打折

陈若仪,女,14岁,水瓶座,温柔聪慧,乐于助人,琴棋书画样样精通,低调不张扬,深受师生欢迎。最欣赏的格言:人生中要懂得适可而止,生活中要懂得量力而行。生活感悟:愚蠢的人只会抱怨,聪明的人懂得争取。

疲惫的时候,妈妈喜欢以欣赏精美时装来解压,但她只去几个有自己喜欢的品牌的大型商场,说那里的服装质量有保证。有空就陪她到处闲逛的我,面对各种各样美轮美奂的时装,感觉自己的审美水平也不断地得到提升。

但是,妈妈从来不舍得花很多钱给自己买衣服。虽然她挑选的那些衣服穿在她身上又漂亮又显品味,但是没有一件是不打折的。时间久了,只要妈妈买回什么衣服,我和爸爸都会不由自主、不约而同地问:"打几折?"

今年暑假的一天,妈妈在某商场看中了一件她梦寐以求的真丝连衣裙,身材高挑的她穿上后飘逸如仙子,显得年轻妩媚。

"穿着它参加你的大学同学聚会,肯定是一个不错的选择!"因为价钱太贵妈妈决定放弃的时候,我曾经这样对妈妈说。

但妈妈还是穿着旧衣服去参加了同学聚会。从她回家后有点儿失落的眼神可以看出,她的女同学们肯定是个个衣着靓丽、光彩照人。我还偶然听见妈妈满含怨意地对爸爸说:"看人家的老公,有钱的、有权的,所以人家就舍得花钱打扮自己。哪像我,只能买打折的!"

爸爸憨厚地笑着说:"是你自己愿意买打折的啊!我觉得打折的东西带给你的幸福感一点儿也不打折!要不,你也找个有钱的有权的重新结婚,到时候就怕你受不了有些人的'四项基本规则'。"

我不知道爸爸所说的'四项基本规则'是什么,但我从妈妈的反应来看,她也仅是抱怨一下而已,实际上她对爸爸是非常满意的,因为生活中他们几乎都把对方当作了自己生命的全部。

虽然同学聚会结束了,但是我感觉那条裙子仍然在妈妈的心里腾云驾雾,这不,商场里开始过季打折了,妈妈就决定去买那条心仪已久的连衣裙。

我自告奋勇陪着妈妈来到卖那条裙子的专柜前,然而让我们大失所望的是:这个品牌的衣服根本就不打折!

妈妈有些失望,看得出她真的非常希望拥有那条裙子。

"你穿的这个号码就这一条了,再不买说不定就叫别人买走了。"服务员不失时机地鼓动着。

"妈妈,你就买了吧。"我说,"其实这条裙子也不是很贵,再说我长大了也能穿呢!要不,我用自己的压岁钱给你买?"

妈妈笑了笑,没再说什么。她可能在思考究竟买不买这条裙子。她已经好几年没有买一件不打折的衣服了。

"妈妈,就权当奢侈一次吧。"我劝说道,"我一年不吃快餐、不看电影行了吧?"

"那就买了吧。"妈妈下定决心似的,"又不是真的没有这点钱。弄得自己整天像个怨妇似的,让你爸爸也很尴尬。"

妈妈终于拥有了一件不打折的衣服。我想象着,等下次妈妈同学再次聚会的时候,漂亮的妈妈穿上这条漂亮的裙子,一定会成为聚会的焦点。那时候,站在一旁的爸爸,是不是也会幸福地傻笑呢?

话外音:打折

一条不打折的裙子,折射出一家人相亲相爱的人生状态。衣服可以打折,幸福没有价格。即使是穿着打折的衣服、吃着粗茶淡饭,只因为有了亲人的贴心关爱,也会感到幸福无边。

上网让我们两败俱伤

彭倩影,女,13岁,天秤座,善良体贴,富有同情心。口才极好,多次代表学校参加各级演讲比赛,并获得优异成绩。最喜欢的格言:身体是我们可以移动的世界。生活感悟:我们不停地翻弄着回忆,却再也找不回那时的自己。

升入初中以后,妈妈就仿佛变成了另外一个人,对我的一切可以说是严加看管,而且逐渐形成一种思维定式。别人听着很可笑,我却感觉很可怕。

爸爸妈妈都是工作狂,经常在家里为查找资料而上网。但是,只要我打开电脑,一旦被妈妈看见,她肯定会不问青红皂白地呵斥我:不要上网聊天!不要上网玩游戏!

我的天!我仅有的一次上网聊天被她看见以后,几乎成了她的心病、我的雷区。实际上老师布置了好多需要上网查找资料才能完成的作业,比如查找法律知识等等,家里的文本资料有限,不上网怎么能找到满意的资料呢?

可是,也许是因为那阵子发生了许多青少年受到网络不良信息的影响和诱惑而误入歧途的事儿,妈妈担心我也步人后尘吧。唉,这也太小题大做、矫枉过正了吧?总不能因为有人吃了农药过多的蔬菜而生病,我们也不吃蔬菜了吧!

我自认为还是有控制能力的。本来我就不喜欢和陌生人说话,何况是网上那些看不见摸不着的人呢?就算是玩游戏,我也是听了同学的描述感到好奇而已。比如摩尔庄园,我只玩过两次就不再玩了,我觉得那是小孩的游戏;比如偷菜,我只是感觉很有趣儿,但是因为需要大量的上网时间而我做不到,所以也就不再挂记自己的农场、自己的菜了。

看到妈妈神经兮兮的样子,我心情好的时候觉得很好笑,我知道她是担心我受到不良影响和伤害。但是,当我确实需要上网查资料的时候,看妈妈在一旁虎视眈眈地监督着我就感到很恼火。妈妈除了为我担心,还有对我极度的不尊重和不信任,这让我感到很是伤心。

我已经13岁了,我有自己的主见和观点。妈妈不可能在我一生中事事都要帮我判断,都能替我决定,我需要自己学会选择和判断的空间。

时间久了,妈妈叨叨的次数多了,我难免也会大发雷霆。有一次,我因为要准备学校里的演讲比赛而忙得焦头烂额,忙于工作的妈妈对此不闻不问,但是一瞧见我在上网,却像被蜜蜂蜇了似的连忙跑过来大声呵斥。我生气了,不理她,继续做自己的事情。不仅如此,在以后的几天里,我故意经常上网,故意和同学聊天,就是不和妈妈好好说话。

直到有一天,妈妈也忍不住火冒三丈,我们俩你来我往地大吵了一架。结果,妈妈因为连日的工作劳累,加上我惹她生气而病倒了。而我呢,因为和妈妈赌气和吵架,情绪受到很大影响,所以参加学校演讲比赛的时候发挥失常,竟然忘记了演讲内容。结果可想而知,本来大家眼中冠军非我莫属的情况不但没有出现,而且连前六名都没有入围。

我很郁闷和沮丧。无精打采地回家以后,看看仍然躺在床上生病的妈妈,我感到很后悔也很内疚。妈妈虽然思维出现定势,但出发点是为了我好,我为什么不能好好地和妈妈交流一下,把自己的看法和妈妈认真地沟通一下呢?真是两败俱伤啊!

我给妈妈倒了一杯水,然后对妈妈说:"对不起,妈妈,我知道你确实生我的气了。"说着,我的眼泪竟然流了出来。

妈妈温柔地看着我,说:"这几天我也反思了自己的做法,有点担心过度了。刚才你的班主任也跟我谈了你参加比赛的事情,我也很抱歉。不过,你别灰心啊,就全当一次锻炼,只要肯努力,以后还会有机会的。"

听妈妈这么一说,我心里真的是百感交集,泪水哗哗地流下来。这些天的委屈、烦恼、歉疚,还有妈妈的理解和宽慰,一股脑地涌上心头。迷雾终于散去,这次两败俱伤的经历以后,相信我和妈妈不会再因为上网的事情而互相赌气了。

话外音:反思

偶尔要回头看看,否则永远都会在追寻中而不知道自己失去了什么。家长的过度担心引发孩子的任性逆反,使两败俱伤的结果出现。家长和孩子都要不断反思,这样才有利于问题的解决。

深夜虚惊一场

宋一歌,男,14岁,金牛座,性格忧郁,学习刻苦、意志坚韧,有耐心、有耐力。最欣赏的格言:千万不要因为走得太久,而忘记了为什么出发。生活感悟:勇敢地去追逐自己的梦想吧,因为比起失败,遗憾更可怕。

一天晚上,由于一鼓作气攻克了几道数学题而推迟了睡觉的时间,以至于等我走出书房的时候,发现爸爸妈妈房间的灯也还亮着。

大概他们一直在等我休息后才可以安心睡觉吧。

我赶紧洗刷完毕然后熄灯上床,假装没在意他们的静心等待。其实,我心里一直泛着幸福的涟漪。爸爸妈妈一直把我当做他们生活甚至是生命的中心和重点,我是知道的。所以,我也要尽我最大的力量回报他们,让他们开心,让他们放心。

就在爸爸妈妈房间的灯熄灭不久,我也刚刚抑制住兴奋的细胞,朦朦胧胧就要睡着的时候,一阵清脆的电话铃声在客厅响起。我听见爸爸妈妈急促的脚步声,然后是妈妈惊慌失措的声音:"是我妈的电话,我爸突然晕倒了!"

"不要着急,穿衣服,我去接他去医院。"爸爸尽量冷静地斩钉截铁地说。

我也忍不住跑出卧室:"妈妈,姥爷不会有事儿吧?"

妈妈安慰我说:"你不用担心,自己在家好好睡觉。我和你爸爸接他到医院看看,应该没有什么大问题。"她快速把我推回房间,然后就和爸爸匆忙出门了。

深更半夜的,我一个人在家里,心里竟然有点害怕,但最多的还是为姥爷担心。

姥爷是一位老工程师,退休多年了,还坚持为原来的工厂做技术顾问,而且是免费的。每一次我去看他,他不是在读书看报,就是在图纸上描画着什么。七十多岁的人了,还会用电脑修改各种各样的技术图,真是让我佩服不已。爸爸妈妈也经常说,必须要好好向姥爷学习,做一个纯粹的没有丝毫杂念的技术专家,一辈子活得简单却贡献无穷。

实际上，我发现爸爸也是这样的人。爸爸是一位敬业的外科医生，用他精湛的技术挽救了很多病人的生命，但他从来没有收取过病人家属的红包。如果手术前有人送红包，为了让病人家属安心，爸爸就先收下，并拿回家交给妈妈，然后说明什么时间手术结束，让妈妈送还给人家。

爸爸的清廉让我们都很心安，也让我从心底里敬重他。如果有可能，我希望自己长大后，也成为像姥爷或者爸爸那样的技术专家。

不知什么时候，我迷迷糊糊就睡着了。等我被闹钟铃声惊醒，已经是第二天早上六点了。我赶紧爬起来，跑到客厅，妈妈已经在厨房做早餐了，爸爸也正准备起床。

"我姥爷没事吧？"我着急地问。

"虚惊一场！"爸爸微笑着说："最近你姥爷消化不良，在洗手间待得太久，起身太快，低血糖，一下子就晕倒了。其他的没有任何问题。"

哦，我舒了一口气，姥爷肯定长寿，他心里除了图纸别无其他，荣誉啊官职工资啊对他来说都无所谓，简单地活着不长寿才怪呢。

虽是虚惊一场，我却倍感增添了无穷的力量，来自姥爷，更来自爸妈。他们用实际行动明确地告诉我：什么是孝敬老人，什么是承担责任，什么是孩子成长的榜样。

话外音：责任

人生须知负责任的苦楚，才能懂得尽责任的乐趣。孝敬老人、爱护孩子是传统美德，也是责任和义务。家长用行动落实责任和义务的行为，对孩子来说，虽然教育无痕，却充满无穷的榜样的力量。

你是我的骄傲

萧子良,男,13岁,摩羯座,精力充沛,目标明确,锲而不舍。最喜欢的网络流行语:如果你只是沙滩中的一粒沙,那你不能苛求别人注意你、认可你;如果要别人认可你,那你就想办法先让自己变成一颗珍珠。生活感悟:让人觉得"惊喜",不如让人觉得"踏实"。

那天和老爸开玩笑说,我要通过自学争取跳级,读完初一直接读初三;读完高一直接读高三。

老爸大吃一惊,"你为什么要跳级?你凭什么跳级啊?"他竟然不相信我。

"就凭有你这样的老爸啊!"我认真地说。

"就凭我?"老爸显然是丈二和尚摸不着头脑。

我笑了,然后告诉他昨天晚上妈妈告诉我的关于他的"给力"故事。

老爸刚刚升入高三那一年,我的奶奶就生病住院了。那时候,我爷爷已经去世了,我叔叔还小,家里的老爷爷还要照顾地里的庄稼,身在县城读书的爸爸,就只好休学在医院照顾生病的妈妈。

我的奶奶在医院住了将近三个月。在这三个月里,一直是老爸在照顾着她。偶尔有点时间,老爸就在医院的走廊里看书学习,尽量不让自己的功课落下太多。那时候,医院里人们议论最多的,可能就是爸爸走廊读书的事情。

在老爸的精心照料下,奶奶的病终于有了好转。奶奶出院回家以后,老爸才又回到学校里学习。那时候,高三上半年的所有课程都已经结束了。

虽然很努力,但高考的时候,奶奶并没有对老爸抱有很大的希望。毕竟那么长时间里,他是在医院里度过的。而且,那么多人参加高考,竞争力那么强,爸爸怎么能考出满意的成绩呢?

一家人忐忑不安地在家里等待着。炎热的天气里,老爸一直和叔叔奋战在茁壮成长的玉米地里,给玉米施肥、拔草,似乎高考的事情与他没有多大的关系。

高考成绩终于公布了,老爸的成绩居然在班级里名列前茅。奶奶喜极而泣,她正极度担心因为自己的病影响了孩子的前途并内疚自责呢。后来,爸爸被全国的一所重点大学录取了,四年之后,顺利地成为一名国家公务员。现在,他正在攻读某名校博士呢。

　　妈妈和爸爸是高中同学,而且是高三时候的同桌。她对老爸的"过去"可谓了如指掌。昨天晚上,她去参加了高中同学聚会,可能见到老同学后听到了许多恭维的话,加上喝了一点红酒,老妈心花怒放吧,所以回到家以后,说起出差在外的老爸的时候,老妈就情不自禁地对我说了这个关于老爸的青春往事。

　　老爸的故事好给力!

　　老妈根本就没有想到,老爸的这个故事就像一枚石子,击碎了我本来平静如镜的心湖。

　　我一直学习不是很努力,但我的学习成绩还不错,因为我认为自己的智商还可以,所以当别人在刻苦钻研时,我可能正翱翔在游戏的天空里自娱自乐呢。我以为活得开心最重要,我要活得自由自在,我不想像有的同学那样活得太累了。老爸老妈对我并没有太高的要求和期望,对我也给予了很大的信任,他们一直以为我是自觉自律的好孩子。但我根本就没有想过,其实,只要我稍微努力一点,我的各个方面的成绩可能会更好。

　　老爸,你是我的骄傲!我要向你学习,凡事不张扬,但要活出自己的调调,我相信自己能够做得更好!

话外音:拼搏

　　做人要低调,但不能没有调。自己的历史,也是自己最好的老师。勤奋是一条神奇的线,用它可以串起无数知识的珍珠。生命之灯因热情而点燃,生命之舟因拼搏而前行。父亲拼搏前行的故事,就像一根火柴,点燃了孩子的生命之灯。

差点没命了

邓冬强,男,13岁,处女座,做事周到、谨慎而有条理,非常理性。最喜欢的格言:别把人生当作一段物欲的盛宴,当你大肆咀嚼的时候,空耗的只是时光的流逝,其他什么也无法留下。生活感悟:智者不但会设法得到他所热爱的,也会真心热爱他所得到的。

去年的下半年,不知道什么原因,我经常因为一些芝麻绿豆大的小事儿和爸爸妈妈吵架。看着爸爸妈妈迷惑不解的样子,有时候连我自己都感到莫名其妙,可能我真的已经步入青春期的原因吧。

有一个周六的晚上,我想上网和同学聊聊天,周五放学的时候大家早就约好了的。但是,我刚刚登录QQ就被妈妈发现了。妈妈大惊小怪地问这问那,就好像我做什么见不得人的事情似的。这让我深感恼火。看看已经没有可能再继续和我的同学聊天了,我干脆关了电脑,省的妈妈絮絮叨叨没完没了。

我来到客厅,感觉到非常燥热,就打开了空调。爸爸正好洗完澡出来,妈妈看见我打开了空调,就火急火燎地赶过去马上关掉。

"都什么时候了,还开空调啊!你爸爸刚刚洗完澡,容易感冒的。"妈妈关掉空调,不住地朝着我嚷嚷,就好像我故意想让爸爸感冒似的。

我真的气坏了,妈妈的絮叨让我心烦意乱,我忽然感觉自己对他俩来说就是一个外人,这也不行那也不对。我有些气恼地跑到自己的房间里,反锁了房间的门,打开空调,不再出来。

爸爸妈妈也不理睬我,任凭我赌气到底。这又让我感到非常失落。百无聊赖地看了一会书,也没有把空调关闭,我躺在床上就呼呼大睡。

不知什么时候,我被冻醒了。感到浑身不自在,无力、发抖,冷得要命。根据经验,我可能发烧了。我感到很是惊恐,因为我感到连打开房门的力气都没有了。

怎么办呢?我不会就这样死掉吧?我想大声地喊爸爸妈妈,可是,真的没有力气。怎么办啊？我摸摸枕头底下，还好，手机还在。于是，我拨通了爸爸的手机。我知道爸爸有个习惯，手机24小时都会一直处于开机状态，他曾经说过，他要保证我和妈妈随时都能找到他。

爸爸接通电话，就感觉到我有事情发生了。于是，他大声地说："别怕，等着我！"

于是，我听见爸爸一遍一遍开门的声音，但是打不开，因为我反锁了。一小会儿之后，爸爸妈妈的脚步声走远了，然后又急促地走近了，然后，就响起了乒乒乓乓的撬锁的声音。终于，门被打开了，爸爸一个箭步就奔过来，抱起我，一摸我的额头，就立即背起我，对妈妈说："快，去医院！"

昏睡中，我感觉在爸爸的背上颠簸了很久很久。那时候我家里还没有买汽车，凌晨三点钟，估计出租车也不是很多了吧。而且，那天还下着小雨呢。爸爸背着我，妈妈给我们打着伞紧紧地跟在身后，就这样一步一步地几乎是小跑着来到了医院。幸亏那家医院离我家比较近，否则，现在我真不知道自己是否还能够这么头脑清醒地活在这个世界上。

等我苏醒过来，看见妈妈趴在我的床边，睁着布满血丝的眼睛；爸爸坐在另一张床的边上，竟然也挂着吊瓶。医生告诉我说，幸亏爸爸果断又及时地背着我来到医院，否则我真的会小命难保，因为那天我发高烧到四十多度呢。只是，爸爸因为救我心切，出门时穿的衣服很少，被秋雨那么一淋，所以也感冒了。

我真的很后悔。因为我一时冲动而惹下的麻烦，却要爸爸妈妈和我一起来承担。不就是因为妈妈不放心我上网聊天吗？不就是因为妈妈不让我开空调吗？我何必那么大动干戈地自找麻烦呢？

虽然，爸爸妈妈一点也没有责怪我的意思，但是，我还是感觉很对不住他们。以后，再遇到意见不统一的事情，我想我会及时地跟他们沟通，绝对不会再这样冲动而不计后果了。

话外音：经验

经验是不讲道理的老师，因为它先考试后讲课。孩子一次亲身实践的经历，抵得上家长千百次的告诫。因为琐事引发了孩子的冲动，又因为冲动使孩子受到了惩罚。家长本是出于对孩子的关心，如果注意说话的方式，委婉一些或者更明确一些，或许结果不是这样的。

爱与死神的战争

韩丹姿,女,14岁,射手座,外向、健谈、喜欢新鲜事物,尤其是运动及旅行。最喜欢的格言:如果心中没有希望,那么哪里都不是理想的抛锚地。生活感悟:无奈有时是个好东西,百无聊赖无计可施,你只有放弃。

医院里消毒水的味道,已经永远地弥漫在我的心里。这种或许有点刺鼻的味道,见证了一场没有硝烟的爱与死神的战争。

爸爸出车祸了!当我知道这个消息并跟着妈妈来到医院的时候,我看见亲戚们齐聚在手术室门口,医生和护士们进进出出。奶奶在哭,妈妈在流泪。也不知道究竟过了多长时间,我看见一个浑身插满管子、缠满绷带的人被推出了来,并立即被推进了重症监护室。

他是我的爸爸。

接下来,爸爸转到普通病房之后,妈妈和奶奶还有我,就仿佛展开了一场与死神的关于爸爸的抢夺战。开始时妈妈整天陪在爸爸身边,虽然爸爸一直处于昏睡状态,但妈妈一刻不停地与他说话,有时候回忆过去,有时谈论未来,有时只是喊爸爸的名字。两个星期以后,爸爸依然没有清醒过来,妈妈却累得挂上了吊瓶。于是,妈妈打吊瓶的时候,奶奶就陪在爸爸的身边,也一遍一遍和他说话,几乎一刻不停。

爸爸能够听见吗?看见妈妈和奶奶一遍一遍不厌其烦地和爸爸说话,我心里经常出现这个问题。爸爸一直昏睡,一直昏迷不醒,他还能活过来吗?

有一天,当我站在门口远望着爸爸的时候,我听见两个护士小声地议论:"他还能醒过来吗?"另一个护士摇摇头:"看样子够呛!"

我心里忽然就像被蜜蜂蜇了一下,我发疯似的冲进病房,我一把抓住爸爸的手:"爸爸,爸爸,你不能死!你不能死!"这是爸爸出事以后,我第一次近距离地看着爸爸。他的脸比以前消瘦了许多。我忍不住掉下泪来,仿佛爸爸就要永远地离我而去。

爸爸依然昏迷不醒。我忍不住抚摸着他的脸："爸爸,爸爸!"我大声地叫着,甚至有些歇斯底里。坐在一边的妈妈泪流满面。

我不能没有爸爸!我忽然惊醒了似的："妈妈,一定要救活爸爸!"

妈妈点点头："让我们一起努力吧!"妈妈开始教我护理爸爸的方法,并一再强调:要尽一切可能和爸爸说话。

从此,每当我去看爸爸,我就讲述以前和爸爸在一起时发生的趣事,说到和爸爸一起时开心的情景,我就禁不住泪流满面。但是,看看爸爸紧闭的双眼,我就又强打精神,继续说说笑笑,就如同爸爸是健康人一样谈笑风生。

就这样持续了两个星期吧,爸爸依然昏迷不醒。我看见奶奶眼里有绝望的悲哀,妈妈眼里有无望的伤感。可是,我却坚信,爸爸一定会醒过来的,他一定不会扔下我不管的。

一天上午,我又和爸爸说话。因为再过几天就是我的生日了,说着说着,抚摸着爸爸的脸我就伤心地哭了起来,如果爸爸死了,我还过什么生日啊!眼泪一滴一滴地落在爸爸的脸上。

爸爸忽然有了知觉,他的眼睛动了一下,又一下,再一下。突然,爸爸竟然睁开了眼睛。"小萱!"爸爸低弱的声音。

"爸爸!"我喜出望外,爸爸真的醒过来了。真的醒过来了啊!

妈妈哭了,医生护士笑了,亲戚们都赶过来祝贺爸爸重生。

因为别人酒后驾车,爸爸差点失去生命。因为我们坚持不懈的爱,把爸爸从死神手里夺了回来。我好高兴!

话外音:坚持

所有的成功都来自不倦的努力和奔跑,所有的幸福都来自平凡的奋斗和坚持。亲人锲而不舍的爱,把爸爸从死神手里夺了回来。没有哪种教育能及得上逆境。对孩子来说,通过妈妈的教导,参与了挽救爸爸的行动,有了这个体验的过程,一定会更懂得珍惜生命和亲情。

HOLD 不住的生日宴

唐子健,男,13岁,金牛座,自我意识和主观意识强,充满自信,有时固执,有时冲动用事。最喜欢的流行语:智慧因为用得过度而毁坏的不多,大多都是不用而生锈。生活感悟:生命因为爱心而博大,因为感动而温馨,因为给予而厚重,因为努力而充盈。

那天是我的14岁生日。

早上一起床,我就迫不及待地给爸爸打电话,询问我的生日宴会怎么安排。没想到爸爸的反应就仿佛冬日里一盆冷水浇到我的头上:"再说吧,再说吧。"爸爸似乎有点儿不耐烦。

我又给妈妈打电话,一直处于暂时无人接听状态,待了一会儿只发过来两个字:开会。我简直都想把手机摔到地上。

唉,我沮丧至极。郁闷、失落,还有伤感一起涌上心头!哪有这样的父母啊,在孩子的生日那天都出差在外;哪有这样的幸运之人啊,14岁生日也无人陪伴。

百无聊赖地熬到中午,泡了包方便面权当午餐。因为不想让同学们知道我的生日遭受如此之窘况,所以也就没有联系任何人。写了一会儿作业,我就看起了并不感兴趣的电视节目。

原以为在我14岁生日的这天,在我已经从少年步入青年的分界线,我的爸爸妈妈,我挚爱的人,也是最爱我的人,一定会给我一个惊喜,送我一个小礼物或者是一个小小的庆祝宴会,它会让我终生难忘。万万没有想到,忙于工作的爸爸妈妈给了我一个这样的生日待遇。

一直郁闷到晚上,爸爸妈妈再也没有发来任何信息,哪怕是一句类似"吃饭了吗"的问候。我心存的最后一点希望也羽毛似的随风飘走了。

以前,我一直以爸爸妈妈为荣。他们是大学里的高材生,毕业以后又都成为单位里的顶梁柱。他们的工作都很出色,爸爸会几门外语,是单位的技术专家;妈妈是一位大学老师,她写的书很受读者欢迎。可是,也正是因为如此,他们越来越忙碌,出差到外地讲课成了他们的家常便饭。好在我从小就比较自立,当然这源于他们教育有方。平时我可以一个人在家里完成所有作业,并照顾好自己的生活。

但是,今天不一样啊,今天是我的生日啊,14岁生日。我很看重今天这个日子,我甚至已经想好了一篇生日感言,等生日蜡烛悄悄点燃,在妈妈温柔的目光里,我要宣读我的心声,对妈妈的感谢,对爸爸的敬仰,还有我自己的雄心壮志。我想让爸爸妈妈开心,我想让他们欣慰,让他们自豪,因为有我。

可是,兴冲冲准备好的一切,都随着爸爸妈妈的缺席而成为肥皂泡,现在,我已经没有心情和激情还有豪情来表达我的心声了。因为这个只有我一个人度过的生日,因为这个缺少爸爸妈妈祝福的我HOLD不住的14岁生日。

胡思乱想着,不知什么时候我就睡着了。我做了一个梦,梦见爸爸妈妈张开双臂向我跑来,我也像小时候那样大笑着,向他们跑去……

第二天,我从梦中醒来。孤独地睁开双眼,却闻到熟悉的香味扑鼻而来,是妈妈的拿手好菜可乐鸡翅的味道。我一骨碌就爬起来,不顾一切跑到客厅。我惊呆了,我的眼睛湿润了,不,是泪流满面:餐桌上已经摆满各种各样的菜肴,一个漂亮的蛋糕摆在中间,蜡烛已经插好,爸爸正打开一瓶红酒,妈妈刚刚把可乐鸡翅端上饭桌……我禁不住放声大喊大叫。

昨晚我睡觉的时候已经快要十一点了。爸爸妈妈各自忙完工作,然后分别乘飞机连夜赶回家,又准备了饭菜。为了给我一个迟到的生日宴会,他们肯定是一直没有睡觉!他们好辛苦!

虽然没有我HLOD住的生日宴会,但这的确是一个难忘的生日!我爱我的爸爸妈妈,他们教会我自觉承担责任,用行动珍爱自己的亲人。

话外音:惊喜

给倍感失落的孩子一个惊喜,就是给平淡的生活一点色彩。执著努力的父母、自立懂事的孩子,组成一个和谐的家庭。爱,并非一定得说出来,行动就是最好的表达。

不能进退时,往旁边去

袁瑛子,女,13岁,金牛座,有点忧郁,学习刻苦,意志坚强,有时占有欲很强。最喜欢的格言:人生如同故事,重要的并不在有多长,而是在有多好。生活感悟:习惯如绳索,每天织一根绳索,它就会粗大得无法折断。

那天,我的同桌悄悄问我:"我妈妈又要生一个小孩了。听说你有一个姐姐,你觉得好吗?"

我点点头,挺好的。这是我现在的感觉。

我说的是实话。很早以前,我非常喜欢我的姐姐,她教会我系鞋带、穿衣服,还帮我修理那些欺负我的小男孩。我觉得很幸福。

可是,当我渐渐长大以后却发现,事情并非如此完美。别人的爸爸妈妈都是一心一意地对待自己的孩子,无论物质的还是精神的。而我不能,爸爸妈妈每月的那些工资,得分成两部分花,为我、为姐姐。

看见一双漂亮的鞋子,我想买。妈妈却说:"你看中的价格太贵了,姐姐的鞋子也需要买了,你就买双便宜一点的吧。"如果只有我一个孩子,我想妈妈一定会毫不犹豫地掏钱。这样的事情举不胜举。事情越多,我心里就越感觉很失落。我多么想像其他同学那样,可以肆意地独自享受父母的关爱。肆意!可是我不能!我有姐姐,她正与我分享妈妈爸爸的爱,我必须与她分享。

尤其是姐姐读高三了,简直成了爸爸妈妈的"大熊猫"。姐姐愿意吃什么,妈妈就想方设法做;姐姐要买什么,爸爸就尽己所能给她买。那一次姐姐要买一套复习资料,爸爸跑遍了整个城市的书店也没有买到,竟然驱车来回四个小时,跑到相邻城市去买。姐姐很满足,我却很嫉妒。我想什么时候我也能像姐姐那样,独享爸爸妈妈的细心呵护啊!

终于,姐姐不负众望考上了满意的大学。爸爸亲自把她送到学校。姐姐终于离开家了,家里终于只有我一个孩子了,与爸爸妈妈的伤感担忧不同,我非常开心,我终于可以独自享有爸爸妈妈的爱了。

晚上，我故意跑到爸爸妈妈的卧室，睡在他俩中间。妈妈温柔地搂着我，不说话。可能她还在想念姐姐吧。

"妈妈，你们为什么要给我生个姐姐呢？只有我自己多好啊！"我情不自禁地说。

妈妈显然很吃惊，她看着我："有姐姐不好吗？"她问。

"好是好，如果我自己享有妈妈就更好了。"我实话实说。

妈妈笑了："傻孩子，你应该感谢姐姐，她那么开心地接受你这个妹妹。如果她有你这样的想法，我和你爸爸尊重她的意见的话，这个世界上就没有你了。"

妈妈的话就像一枚石子，击碎了我自私的心湖。是我的出现，剥夺了姐姐永远肆意享受爸爸妈妈的机会，心存埋怨的应该是姐姐，而不是我。姐姐没有像我这样自私，而是对我那么好，让我在享受到父母之爱的同时，感受到手足之情。我心里对姐姐第一次有了歉疚感。

妈妈把所有的爱都给了我们，而且教会我们怎样相亲相爱。我感谢妈妈，也感谢姐姐，其实我一直在享受她们的爱，只是我没有用心去感受。

总有一天我要长大，要独自去面对这个世界。是妈妈告诉我要学会分享；是姐姐教会我要懂得分享的美好和快乐。我已经13岁了，也终于明白，有时候静下心来，跳出自己的定式心态就会发现：不能进退时，往旁边去，原来地阔天宽。

话外音：角度

有时候，是自己在定式或不开阔的心态中将自己逼到无路可走的地步。其实，静下心来跳出这定式，学会给自己第三种选择；不能进退时，往旁边去。换个方法思考，可以使问题变简单；换个立场看人，可以更宽容处世；换种心态看人生，可以得到更多美好。有时仅需换换角度，就可以改变自己的一生。

新鞋子，旧鞋子

郭甜甜，女，13岁，双子座，温柔善良，有时忧郁，有时快乐，是典型的双重性格。最喜欢的网络流行语：有一个清醒的头脑比有一个聪明的头脑更重要；有一种良好的习惯比有一种熟练的技巧更实用。生活感悟：能够区分理想和欲望，才能平衡生存和生活。

自从升入九年级，我就发现自己开始在乎起自己的穿着。看到同学穿了什么漂亮的衣服，我心里就希望自己也能够拥有一件。有时候我自己也感到很奇怪，难道这也是进入青春期的症状吗？我的好朋友也有这样的感觉，她说这就是爱美之心人皆有之啊。

那天，我陪着妈妈去商场买鞋子。转来转去，妈妈看中的鞋子皆因为价钱太贵而被放弃。后来，妈妈选择了一双打折的鞋子，虽然不是她一直想要的样式，但也还算比较满意吧。

就在我们准备离开商场的时候，我突然发现新大陆似的，看见了一双我一直想找的很漂亮的白色中筒鞋。那样子看似有点休闲，其实不失淑女风范，我第一次看见一个女生穿着这样的鞋子的时候，就立刻喜欢上了，只是没好意思询问她在哪里买的。现在，我发现一模一样的鞋子就在眼前，就兴奋地跑过去，找了样品试起来。太巧了，大小正合适，就像为我定做的一样。

"妈妈，我喜欢这双鞋子，给我买一双吧！"我央求妈妈。

妈妈看了看价格，说："太贵了吧。"

我一看，可不是嘛，一千多块呢，打完折也需要八百多。

可是，我实在太想要这双鞋子了，就好像着了魔一样。

于是，我对妈妈说："用我的压岁钱买好了，反正我就是想要！"

妈妈看了看我，叹了一口气说："你自己决定吧！我们先回家，你想好了真的决定要买，自己再来买吧。"妈妈拿起东西就准备回家。

这时候，一直站在一旁的售货员说："这双鞋子就剩下这一双了，想要就赶紧买着吧,说不定下午就没有了。"

我一听就急了,索性一屁股坐在那里,大有妈妈不买我就不离开的架势。

看我耍赖的模样,妈妈显然有点儿生气了。可能也是因为我的不懂事吧,她扔下我一个人,自己提着东西就离开了。

看着妈妈消失在人群里的背影,我竟然委屈地流下眼泪来,但也只好赶紧跟着回家了。

回到家里,妈妈马上去厨房做饭。看到妈妈原来已经破旧不堪的旧鞋子,还有那双特价的新鞋子,我忽然感到自己真的是非常不懂事。虽然妈妈自己省吃俭用,但在给我买吃的、买学习用品的时候却非常慷慨。而我,仅仅是因为看见了别人拥有的自己也想拥有,并没有考虑自己家庭的实际情况,真的是非常不应该!

等妈妈做完饭,我不好意思地来到妈妈身边,很抱歉地说:"对不起,妈妈,我不应该要那双鞋子。"

没想到妈妈却说:"刚才我想过了,我像你这么大的时候也开始爱美了。平时也没有给你买什么贵重的衣物,这一次,你那么喜欢那双鞋子,就买了吧。待会儿去把我的鞋子退掉,我先不要了。"

听妈妈这么说,我竟然热泪盈眶,我现在真的是多愁善感了。妈妈的话让我更加惭愧不已。我怎么能让妈妈退掉自己需要的鞋子,而去给我买一双并不急需且有点奢侈的鞋子呢!

"妈妈,我只是一时冲动,我真的不要那双鞋子了。"我搂着妈妈的脖子,诚恳地说。

妈妈看了看我,眼睛里是我熟悉又倍感温暖的柔情:"那好吧,以后再考虑。"

话外音:满足

人应该掌握自己的欲望,而不是被欲望所掌控。面对孩子的看似无理的要求,家长没有大发雷霆,而是以牺牲自己来满足孩子。这种无我的方式恰恰能触动已经进入青春期的孩子的心灵。有美丽的心灵,就有美丽的世界。真心对真爱,亲子之间亦是如此。

耍酒疯的后果

徐艳熙,女,14岁,白羊座,自我意识很强,充满自信,喜欢看富有哲理的书籍。最喜欢的格言:要小心你的行为,因为它不久之后就会成为你的习惯,要小心你的习惯,因为它不久之后就会成为你的品格。生活感悟:盲目迎合别人,只会葬送自己。

妈妈说:出外靠朋友,出丑靠自己。这样的感慨来自爸爸。

爸爸在别人眼里是一个县级干部,凡是和他打过交道的人都知道,他不但精通业务,而且非常平易近人。所以,当官几年,他的口碑不错。

但是最近两年,不知道因为什么,爸爸经常喝酒,而且几乎每一次喝酒之后都要耍酒疯,回到家后大吵大闹,直到筋疲力尽他才肯罢休。妈妈私下里告诉我说,可能是爸爸的工作压力太大的缘故,让我不要和他计较。

我当然不会和爸爸计较什么,他是我的爸爸,是我最亲的人。他那么努力地工作,其中的一部分也是为了能让我和妈妈过上更幸福的生活。所以,只要发现爸爸喝醉了酒,我和妈妈除了给他喝水,基本一言不发,他一个人闹腾累了也就自觉去睡觉了。

可是,去年春节,爸爸因为又耍酒疯,不得不吞下了自酿的苦果。

除夕晚上,我们吃罢晚饭正兴高采烈地看联欢会,爸爸喷着酒气回来了。他是去参加单位领导们的聚餐了,看样子又喝了不少。

我和妈妈立即把他推进卧室,想让他赶快睡觉休息。但是,他却像着了魔,骂骂咧咧地回到客厅,又开始大声吵闹。说妈妈不温柔不体贴,说我学习不努力不刻苦,说家里的地扫得不干净,等等等等。喋喋不休,一刻不停。

我和妈妈都有点烦了,今天可是春节啊!难道爸爸忘记了吗?他这样继续吵吵嚷嚷的,邻居们怎么想?邻居们都是团团圆圆的一家人,人家怎么看待我们?

"别吵了,你快睡觉去吧!"妈妈终于不耐烦地大声说。

"反了反了,这是我的家,我想干什么就干什么!"爸爸一副不可一世的样子。

妈妈上前推他:"赶快睡觉去吧!"

爸爸却用力把妈妈一推,妈妈不防备,一下子就倒在了地上,额头正好碰在了玻璃茶几上。妈妈的额头立即鼓起一个大包,又红又肿。

妈妈显然被碰疼了,大声地说:"整天喝醉有什么意思?要耍酒疯出去耍去!"她站起身来,不由分说推了爸爸一把。

爸爸竟然也火了,转身就往门口走,嘴里还嚷嚷着:"我走,我再也不回来了!"

我急哭了,赶紧拽住爸爸的胳膊,不让他走。看爸爸执意要走的样子,妈妈也过来拽住他。三番五次之后,爸爸才被推进了卧室,倒头睡去。

我和妈妈都沮丧地坐在沙发上,谁也没有说话。大家都在欢声笑语地过春节,我们家却死气沉沉。真悲哀!

第二天,也就是农历2012年的第一天,爸爸醒来后,我告诉了他他的表现和妈妈的不满。爸爸反复地向妈妈道歉,但妈妈因为过于生气,不理他,也不和他说话,连走亲戚串门也不和他一起。

爸爸非常后悔,撰写了数万言的保证书。说不会忘记妈妈生气时说的话,因为那才是她一直忍气吞声的心声;说不会记恨妈妈,因为她在用另一种方式让他看清楚自己。

最后,妈妈还是原谅了他。妈妈私下对我说,喝醉的事情也不能全部怪爸爸,有时候他也左右不了所谓的酒桌文化。

我真的不明白,非得把人灌醉,这就是所谓的酒文化吗?

话外音:劣行

看似身不由己的行为,其实可能来自自己的太在乎和太在意,尽己所能,心怀坦荡就无所畏惧。自己的劣行带来的恶果连累妻儿,不仅会造成家庭的不和谐,甚至也会危害社会。

戴面具的妈妈

高文强,男,14岁,双鱼座,多愁敏感,爱幻想,生性柔弱,乐于奉献,与人为善。最喜欢的格言:积极的人像太阳,照到哪里哪里亮;消极的人像月亮,初一十五不一样。生活感悟:如果漂亮的脸蛋是份推荐书的话,那么高尚的心灵就是张信用卡。

我觉得妈妈是一个戴着面具生活的人。这样说自己的亲生母亲可能让人感觉大不敬,但这是我真实的感受。

记得刚刚升入初中的时候,我的同桌是一个任性、自私又非常娇气的女孩子,经常借我的东西不还,动不动就朝我发脾气。有的时候我对她的行为不理不睬,或者是实在按捺不住以牙还牙和她大吵一架,她就撒泼或者恶人先告状去找老师。老师一开始不明白事情的真相,看她哭哭啼啼的样子就以为是我不对,于是就不分青红皂白地批评我,弄得我很郁闷。

这样的事情多了,我就忍不住告诉妈妈,希望她能帮帮我,想个办法解决这个问题。

没想到妈妈的话让我大吃一惊,妈妈平静地听我说完,漫不经心地说:"既然班主任偏向她,说明她和班主任的关系不一般,你得罪了她就等于得罪了班主任。所以,一定不要再和她闹矛盾了,不管她怎样对待你,你就装作很喜欢她的样子,以后找机会再疏远她。"

妈妈的话没帮我解决任何问题,反而让我感觉更加郁闷。妈妈怎么会这么想呢?难道妈妈是一个虚伪的人吗?

妈妈确实有些虚伪,有一次和班主任的偶遇,就足以说明了这一点。

那天我和妈妈步行去奶奶家,走到半路,正好与我的班主任不期而遇。一直面无表情的妈妈立即像变了一个人似的,满脸笑容,对班主任嘘寒问暖,表现出一副溜须拍马的样子。这让我非常尴尬,也极其反感,站在一边不知该说些什么。

终于等到妈妈和班主任的邂逅交流结束,我一句话也不想和妈妈说,只是默默地跟在她的身后,继续往奶奶家走。

妈妈突然回过头来对我说:"你这个班主任实在不怎么样,一看就是一个势利眼,还挺高傲的,你可千万别得罪她,否则什么好事也轮不着你了。"

我没有说话,我根本就不知道该说些什么。既然妈妈看不起老师,为什么当着老师的面还那么热情。真是虚伪!

慢慢观察后我终于明白,妈妈的虚伪其实源于她的冷漠。那次爸爸的好朋友吴叔叔刚买了一辆新车,爸爸高兴地告诉我们,妈妈却面无表情地说了一句:"他买车与我有什么关系?"弄得我和爸爸都很扫兴。

还有一次,我因为值日的事挨了老师的当众批评,而那次绝对是老师冤枉了我,所以回到家以后,我忍不住掉起了眼泪。本指望妈妈能够安慰安慰我,妈妈却漠然地说:"都这么大了,要学会不以物喜,不以己悲。"这是什么意思啊?

妈妈的冷漠让我十分不理解。比如去年我的姥爷早晨出去跑步,突发脑溢血倒在了路边,后来也没抢救过来。人们都惋惜姥爷过早地离开人世,妈妈却说:"我觉得爸爸现在活着也没什么意思了,不上班,在家里除了看报就是做饭。"

有人说:冷漠是一种传染病。别人对你冷漠了,你心情不好,就把这种冷漠传播出去,这个社会就越来越冷。我不想自己成为冷漠传染病的患者。

我不希望妈妈是一个冷漠的人,我宁愿她是戴着面具生活。唉,戴着面具的妈妈,和你一起生活的人都感到很累,难道你自己不感觉到累吗?

话外音:面具

生命不可能从谎言中开出灿烂的鲜花,也不会在冷漠里实现价值。孩子都懂的道理,家长却还执迷不悟。也许是世事的经历,使得家长成为了孩子眼里冷漠、虚伪的榜样。雨果说过,被人揭下面具是一种失败,自己揭下面具却是一种胜利。为了孩子的身心健康,家长必须有勇气自己揭下面具。

爸爸的慌乱

胡治超,男,13岁,水瓶座,思想超前,不受约束,善良,有爱心。擅长用计算机创作漫画,作品多次被报纸杂志采用,还曾经获得过漫画比赛大奖。最喜欢的格言:每个人的生命过程都可以像一截木头,不同之处在于——你是选择熊熊燃烧,还是慢慢腐朽。生活感悟:每天把牢骚拿出来晒晒太阳,心情就不会缺钙。

我爸爸是一个非常稳重的人,妈妈的朋友们都这么认为。我曾经私下里对爸爸说:"你可是真的又稳又重,因为你又矮又胖啊!"

爸爸只是笑一笑,并不多说什么。其实,他也不是一个善于开玩笑的人,我总觉得爸爸成天面部表情始终如一,好像世界上没有什么事情能引起他足够的重视,更不用说能让他大惊小怪了。

但是,去年的那个冬天,我却第一次发现爸爸的极度慌乱,因为我的一次交通事故。

那天我去超市,买上东西后就自己骑自行车沿着马路回家。就在我东张西望看路边的彩色广告的时候,突然有一辆出租车急速拐弯,我一下子就被刮倒在地上。

汽车司机赶紧停车,急忙下来扶起我,着急地问我伤着了没有。

我只感觉到自己的眼镜被摔碎了,因为我倒下的时候,右脸先着地,所以感觉脸火辣辣地疼。

司机问我是不是需要去医院,因为我不知道自己应该怎么处理这件事情,妈妈出差了,就只好给爸爸打电话。

电话里爸爸的声音非常平静,让我在原地等,他马上就到。

因为爸爸的单位离出事地点很近,所以,只几分钟的功夫爸爸就跑来了。

爸爸一见到我,他的表情竟然瞬间出现了极度紧张的样子,甚至可以说是非常慌乱。

"你的脸疼不疼?"爸爸一把搂住我,盯着我看。

"有点疼。"看到爸爸紧张兮兮的样子,显然他以为我伤得很重,我就尽量轻描淡写地说。

肇事司机连忙过来,对爸爸说:"走,我带你们到医院去吧。"

爸爸没说话,拉起我的手就坐到了出租车上,也不要我的自行车和买的东西了。

司机一个人把我的自行车和东西放到车的后备箱里,然后就把我们送进了医院。

来到急诊室,一照镜子我才发现:我已经是面目全非,脸上的血一道一道的,非常吓人。

怪不得爸爸那样紧张呢。

大夫检查之后,幸运的是我只有皮外伤,只不过看上去有点破相而已。

爸爸听完医生的话,长长地舒了一口气,也没有让肇事司机赔偿医药费,就客气地让他离开了。

包扎完毕以后,又拿了一点药,爸爸默默地把我送到家里,没再说什么就又去上班了。

我知道爸爸很心疼我,只是他不善于表达罢了。

爸爸的慌乱,让我深深地体会到了浓浓的父爱。父爱无声,却重如泰山。爸爸对肇事司机的宽容,也让我看到了一个男人的胸怀。

话外音:胸怀

> 多数情况下,生活不是一个惊喜接着一个惊喜,而很有可能是一个惊吓接着另一个惊吓。所以,人生最宝贵的不是你拥有的物质,而是拥有受了惊吓后陪伴在你身边的那些人。把时间分给值得爱的人是人生中最好的投资。家长不必擅长高谈阔论,用实际行动所表达出来的对孩子的爱惜、对他人的宽容,就足以让孩子铭记一生。

第五章
单亲是解不开的小疙瘩

单亲是解不开的小疙瘩

> 一个孩子在幼年的时候，如没有得到过足够的安全感，在未经治疗的状况下，他将一辈子都没法建立起对他人的信任。这种丧失了安全感的深层战栗，乃是人间最大的黑洞。
>
> ——毕淑敏

据民政部统计的数据显示：2010年我国共有196.1万对夫妻离婚，2011有287.4万对夫妻办理了离婚手续。

专家认为，导致离婚人数急速攀升的原因是多方面的：人们对婚姻质量、感情需求和爱情期望有所上升；结婚和离婚程序的简化；妇女在经济和精神上越来越独立，不需忍耐在别人的屋檐下；现在年轻人在婚姻生活中忍让性、宽容度都不够，对平淡生活不愿意"凑合"，导致婚姻稳定性下降等等。

毋庸置疑，随着离婚数量的持续增加，每年将会有数以万计的孩子遭遇父母离婚而成为单亲家庭的孩子。而据最新调查表明，单亲家庭的孩子30%有心理问题。早在三十多年前，美国心理学家朱迪·沃斯特恩就开始关注并探讨"离婚家庭的孩子能幸福吗"这一社会问题。她在《第二次机会，离婚10年后的男人、女人和孩子》和《离婚想不到的遗赠：25年里程碑式的调查》中得出结论：离婚的影响对孩子是终生的、创伤性的。无论最终的结果是好是坏，这些孩子个人生活的整个轨迹，都被父母的离婚打乱了，悲伤永生刻在心上。

所以，无论离婚的原因是什么，都绝对不能成为对孩子不负责任的理由。让孩子活的有安全感，是为人父母最起码的责任。

那么，当离婚成为事实，离异双方应该为孩子做些什么？专家认为：要继续给予孩子最起码的物质帮助和最基本的精神鼓励；离异双方杜绝互相指责；在家庭生活中注意细节；一定避免溺爱等等。

离婚，毕竟是一段感情失败的伤痕，家长不能让这道伤痕再给孩子留下任何烙印。相信只要家长用心努力去做，虽然不能完全避免伤害，但是绝对可以把伤害减到最小。

单亲是解不开的小疙瘩，作为家长，绝对不能让自己的婚姻之痛再给孩子留下伤心的尾巴。

苦涩的美味

黄子赫,男,13岁,狮子座,个性友善外向,对人慷慨大方,很容易交朋友。最喜欢的格言:害怕别人的成功,等于证明自己的失败。生活感悟:记住该记住的,忘记该忘记的;改变能改变的,接受不能改变的。

爸爸妈妈离婚以后,一个常年驻外,一个远走他乡,我只好回到镇上奶奶家生活。

在奶奶家的日子里,虽然吃穿不愁,衣食无忧,但是我却感到非常孤单和无聊。新的学校,新的同学,一切是那么陌生,我却只能天天面对。虽然同学们都对来自城市的我充满了好奇,但是,我不想和任何人交朋友,我不想让任何人知道我的家庭状况。

因为太孤单了,我就央求奶奶买了六只小鸡,圈在院子里养着。每天放学回家和小鸡说话,慢慢就成了我的习惯。

小鸡刚刚买来的时候,走路不稳,有一只还是瘸腿。奶奶说那只小鸡出生的时候受了伤,没有人要,她看着可怜,就拿回家来了。

我很喜欢这六只小鸡,尤其怜爱那只受过伤的,我给它取名"黄尚",仿佛它就是我的弟弟,叫起来也很有意思。只要回到家里,我就会问奶奶要了食物给它们吃,甚至到处捕捉蟋蟀给它们改善生活。

小鸡一天天长大,我的心情天空一样一天天晴朗起来。爸爸妈妈偶尔打个电话回来,我心里也渐渐不再充满怨恨。他们生活在一起的时候,几乎整天吵架,要么就是冷战,谁也不和谁说话。我都不明白他们当初为什么会结婚,为什么会把我生下,生下我以后却不给我一个幸福温暖的家。

大人们的事情,就让它去吧。看着渐渐长出羽毛的小鸡,我一遍一遍地告诉自己。在奶奶家里,除了奶奶的唠叨,就是小鸡的叫声了。尤其是"黄尚"的声音,特别响亮,我怀疑是不是它注意到了我对它的特别关爱,或者它想用叫声引起我们的注意,反正,它仿佛是我最好的朋友。当我感到苦闷的时候,我就把它单独地拿出来,把我的心事一股脑地倾诉给它。

小鸡"黄尚"只是静静地听着,偶尔抬起头,用圆溜溜的眼睛温柔地看着我,好像听明白了我的心事似的。我竟然会心生感动,更加不辞劳苦地捉虫子给它吃。

可能由于我的特殊照顾,"黄尚"长得很快,个头比其他五只小鸡大,虽然一直一瘸一拐的,但跑起来的速度非常快。后来,奶奶告诉我说,它是一只小公鸡。

有了小鸡们的陪伴,我觉得日子过得挺快。转眼间一年过去了,"黄尚"也长成了一只大公鸡,成天在院子里踱来踱去,神气十足。

爸爸从外地回来了,要把我接回自己的家去。我含泪告别了奶奶和"黄尚",回到了城里。我经常想起"黄尚",我相信奶奶会把它照顾得很好。

大约过了一个月吧,爸爸带着我回到镇上给奶奶过生日。我本想马上看看"黄尚",它一定也很想我了,但是,刚到奶奶家的大门口就碰到了几个原来的同学,我就停下来和他们聊了起来。

也许是分别了的缘故,我发现自己还是很喜欢这些朴实的同学的。所以,看到他们热情无比的样子,我也就海阔天空地和他们聊了半天,直到奶奶叫我回家吃饭。

一走进奶奶家,饭菜的香味瞬间就秒杀了我的味觉,其实我早就已经很饿了。我跑到里屋,看到饭桌上摆着一盆热气腾腾的辣炒鸡块。不知为什么,我的心却开始狂跳起来。我赶紧跑到院子里,四处搜寻我的"黄尚"。可是,找来找去,就是不见它的踪影。我去问奶奶,奶奶欲言又止,叫我先去吃饭。我又去问爸爸,他说:"我把那只瘸腿公鸡宰了,饭桌上的就是。"

我哭了!我感觉自己的心很疼很疼,就像知道爸爸妈妈离婚的时候一样。看着那盆辣子鸡,我泪流不止。我的"黄尚"竟然变成了家人的美味,我很想和爸爸吵架。

但是那天是奶奶的生日,我不能吵闹惹奶奶不开心。也许爸爸不知道我和"黄尚"的感情。如果他能事先问问我多好!

话外音:细节

若是无法成为一支笔,书写孩子的快乐,那就尽力变成一块橡皮,抹去他的悲伤。即使不能抹去所有的悲伤,最起码不要雪上加霜。一只瘸腿小鸡,是孩子在父母离异后孤独时的感情寄托,却被做成美食摆上了餐桌。大人们这种或许无意的所为,竟成为对孩子的另一种伤害。真正关心孩子,一定要注意细节。

母爱如同阳光

程心怡,女,14岁,做什么事都很投入,好学、好奇、求知欲旺盛,对自己的要求很严格,做事一丝不苟。最喜欢的格言:地球是运动的,一个人不会永远处在倒霉的位置。生活感悟:痛苦的根源在于总是抽出时间来担心自己是否幸福。

在我不满两岁的时候,爸爸就因病去世了。我和妈妈相依为命,一直至今。

人家说,父爱如山。很遗憾,我不能亲身体会。但是,看着妈妈日夜为我忙碌的身影,我就常想:母爱呢,母爱像什么呢?

那天我和妈妈去商场,我看到一双鞋子很漂亮,正是我梦寐以求的那种。但一看价格,大大超出了我的预算。算了,还是不告诉妈妈了。妈妈仿佛看出了我的心思,她让我反复试了试,看大小正合适,就毫不犹豫地去交了钱。而当看见一件非常适合自己穿的上衣的时候,妈妈看看价格还是放弃了。

我知道,她根本就不舍得为自己花钱。

妈妈一个人照顾我很辛苦,无论精神的还是物质的。随着年龄的增长,我越来越觉得妈妈的不易。妈妈一个人的工资,既要应对日常生活花销,还要照顾我在老家种地为生的爷爷奶奶。妈妈可以说是省吃俭用,一件她亲手编织的毛衣,一穿就是十年。十年,哪一个年轻爱美的女人只穿一件毛衣?这个发现让我深感内疚,因为,在我身上,妈妈从不吝啬。从小到大,我虽然没有像我的同学那样,成天花枝招展、彩裙翩翩,但我的衣服也绝对是舒适的、漂亮的、合体的,我从来没有在穿着上觉得低人一等。

虽然妈妈个子不高,听说爸爸也不是那么高大挺拔,但是刚刚十四岁的我已经长到一米六五了。每次回到老家,奶奶总是禁不住表达她对我身高的惊讶。想想也不足为怪,爸爸妈妈长身体的时候,因为家里都不富裕,所以可能缺乏营养。而我呢,在吃的方面,妈妈也从来没有吝啬过。我爱喝牛奶,家里一直不断;我爱吃牛肉,妈妈几乎每星期都给我做酱牛肉吃。营养不缺,心情不错,我也听从妈妈的嘱咐经常锻炼身体,所以我的个子长得还算可以吧。这当然离不开妈妈为我的成长而进行的大力投资。

妈妈为我的付出不仅仅是物质上的,更重要的是精神上的。一件事情就足以说明妈妈为了我所付出的代价:她一直没有再婚。

开始的时候,妈妈一直无法忘记病故的爸爸,无心再嫁。可是,现在,爸爸去世已经十几年了,她竟然还是不考虑接纳别人。几乎妈妈的所有亲朋好友都劝说过她,让她敞开心扉,重新找寻伴侣。可是,我清楚地听见妈妈每一次都说:"等孩子长大了再说吧。"

我知道,妈妈和我已经生活了十几年了,她担心因为别人的加入而打破我们平静的生活,她不想让我受到来自任何人的伤害。通过影视作品我也发现,许多再婚的夫妻,因为对孩子的问题处理不当,重组的家庭会出现许多矛盾和问题,甚至不得不再次解体。

年龄越来越大,我就越懂得妈妈为我付出了什么。我今年就要上高中了,就要住在学校里了。妈妈一个人在家,万一生病了谁来照顾她?我多么希望能有那么一个人,不需要有很多钱、不需要有多么体面的工作,只要能像妈妈一样善良一样细心,我就能欣然接受让他成为我的爸爸。

那天下午放学回家,走在喧闹的街道上,本来阴晦的天空,突然闪过一线光亮,一缕和煦的阳光正好罩在与我相向而来的妈妈的身上。妈妈一看见我,笑容就满脸荡漾。

刹那间,我发现:母爱就像这和煦的阳光,一直照亮我的胸膛。

话外音:力量

极致的耳聪是听得见心声;极致的目明是看得透心灵。世上最美的,莫过于从泪水中挣脱出来的那个微笑。孩子是单亲母亲奔跑的力量。耳聪目明的孩子,从单亲妈妈泪水中挣脱出来的微笑里,也获得了无穷的成长的力量。

左手是爸,右手是妈

  杜家杰,男,14岁,摩羯座,有点内向,性格坚强,不易相信别人。爱好广泛,做事专注,曾获得全省电脑设计大赛一等奖,以优异成绩考入本市著名高中。最喜欢的格言:成熟不是心变老,而是眼泪在眼里打转却还保持微笑。

  我现在和爷爷奶奶一起住,周六去爸爸家,周日去妈妈家。一年一年,周而复始。虽然我有比较坚强的内心,但是,遇到情绪低落的时候,我就产生莫名的悲愤。对,就是悲愤!看人家的父母和和睦睦,为什么我的双亲却各奔东西?

  在我七岁的时候,我的家庭被宣告解体。原因是:爸爸妈妈都是争强好胜之人,彼此都有着体面的工作和职位。他们都很忙,都不肯牺牲自己的时间和机会奉献给家庭,为此吵架不停。于是,等我背起书包上学了,爷爷奶奶可以接送我了,他俩就协议离婚了。

  父母分手以后,都专心于工作,不久,职位上都得到了提升,实现了自己的奋斗目标。那时候每到周末,他们还一起带我出去吃饭。我曾经天真地以为,也许有一天,他们会第二次牵手。

  美梦只做了两年,我上三年级的时候,我的爸爸和妈妈先后再婚了。于是,每到周末,我也就有了另外两个去处:爸爸家和妈妈家。

  我到妈妈家里,感觉自己就像客人似的,因为她的家里还有一个新丈夫的女儿。虽然妈妈的新丈夫看起来很随和、很平易近人,但是,每每看到妈妈和他的女儿亲如姐妹的样子,我心里就泛起一阵一阵的酸水,非常不舒服。妈妈是个粗心的人,她只需要别人对她的顺从和照顾,她每次开心地吃着新丈夫一个人忙活了大半天才做好的饭菜,丝毫觉察不到我的不自在和不开心。

  但是,她是我的妈妈,我想让她的新丈夫看看,她的儿子有多么爱她,从而以后不敢欺负她。事实上我多虑了,妈妈的新丈夫几乎对她唯命是从、百依百顺,每次看见我也是笑呵呵的,就如同一个弥勒佛。大概妈妈真的只需要一个这样的丈夫吧,我想,只要她自己觉得幸福,我无所谓了。所以,尽管我不太喜欢到妈妈家里去,但每一次妈妈来接我,我还是假装很高兴。

相对于妈妈家,我还是比较喜欢去爸爸家。本来那套房子就是我原来的家,只不过重新装修,重新换了家具而已。最重要的是,爸爸的新媳妇是一位老师,很温柔、很善良,模样还算漂亮。每次见到她,她就用温柔明亮的眼睛探寻着我内心的秘密。每次她总是做各种各样的好吃的,就像照顾自己的小孩,临走时她还给我零花钱。

有一次吃饭时,爸爸喝了一点酒,然后就开始和我一起回忆往事。说着说着,他竟然跑到厨房,拿出了一个已经缺了一角的碗。

"还记得这个碗吗?"爸爸问我。

"不记得了。怎么?是我摔坏的吗?"我好奇地问爸爸。

爸爸摇摇头,慢慢地说:"那时候我和你妈妈经常吵架,我们俩的脾气都很火暴,吵起来就顺手摔东西。有一次,我在你的玩具箱里发现了这个。"爸爸指了指手里的碗,继续说:"我问你为什么把碗藏在玩具箱里,你说:'你们俩把家里的碗都摔碎了,以后就没碗吃饭了。我偷偷留着这一个,以后给你们盛饭吃'……"

爸爸说不下去了,皱紧了眉头,情绪有些激动。

"从那以后,"过了一会儿爸爸又说,"我就告诉自己,尽量不再和你妈妈吵架,一定要给你一个温暖的家。可是,只坚持了三年,我们还是离了。对不起你啊!现在,你已经14岁了,能理解吗?"爸爸竟然像个孩子似的问我。

"我理解,"我说,"你和妈妈性格不合,天天吵架太累了,不如离婚呢。"听我这么说,爸爸看看阿姨,泪光闪闪,然后低头吃饭。

爸爸妈妈都已经找到适合自己的人了,我感到很欣慰。虽然我的同父异母的弟弟或者妹妹就要到来,我有淡淡的失落感,但是,爸爸是左手,妈妈是右手,他们不在一起了,但依然都很爱我,都尽己所能对我负责,我知足了。我永远爱他们。

话外音:选择

人生就是一道多项选择题,让人感到困扰的,不是题目本身,而是众多的选项。性格不合选择离异,离异之后仍然担负起养育孩子的责任,能这样做的家长,虽有遗憾但也算是有涵养、有担当吧。

悲伤不是一场幻觉

戴雪莉,女,14岁,射手座,外向健谈,精力充沛,缺乏不放弃希望和理想的执著精神,有时会陷入"一厢情愿"。最喜欢的格言:如果你决定做一个快乐的人,首先要做一个坚强的人。生活感悟:眼泪的存在,是为了证明悲伤不是一场幻觉。

有很多人认为,单亲家庭的孩子应该比正常家庭的孩子更懂珍惜,更加努力……大概是这样吧,但也有些孩子会破罐子破摔,我就是属于破罐破摔的一个。因为对我而言,悲伤从来就不是幻觉。

我上小学的时候,还算是一个乖巧的女孩儿。可是父母成天闹离婚,根本就没有心思管我。苦闷、失落、迷茫的我,就开始上网寻求安慰,结果认识了一些不良网友,学着变得冷漠、叛逆、对任何事情都不在乎,成了同学老师眼中的"问题女孩"。

后来,爸爸妈妈离婚了,然后爸爸再娶、妈妈再嫁。我也不知道自己被判给了谁,反正只要我愿意,到他俩谁的新家里似乎都不会被反对。于是,我就在爸爸家住几天,在妈妈家住几天。而在与他们同住的日子里,他们除了给我饭吃,竟然什么都不闻不问。有时候我逃学到同学家里住上三四天,也没有人找我。等老师找上门去,爸爸就说以为我住妈妈那里,妈妈就说她以为我住爸爸那里。

妈妈再婚后不到两年,竟然又离婚了。开始我以为是妈妈好吃懒惰的原因,后来才知道,原来她又和一个五十多岁的男人好上了,据说那个男人做生意有点钱。妈妈被第二个丈夫暴打了一顿之后,就离家出走了。在大约将近一年的时间里,我一直找不着她。

就在那时,爸爸的第二个妻子生了一个男孩儿。爸爸更加忙碌了,根本就无暇顾及我的生活。有时候我连早饭也吃不上,他不闻不问,每天急匆匆地上班赚钱。

那段时间,我的心碎了,如果捧出来肯定就跟饺子馅似的。我感觉这个世界上根本就没人在乎我,于是就越发自暴自弃。后来我看到这样一句话:不幸是一根绳子,有的人用它来继续攀登高峰,有的人却把它当作了自缢的工具。我就把自己遭遇的家庭不幸,当作了自杀的绳子,而且,在彻底自杀之前,我利用一切条件寻求刺激。

网友小铭就是在那个时候出现在我的面前的。有一次在网吧聊天,想要互相约着见面时,却发现他就坐在我的身边。我们都很惊喜,觉得这就是缘分,是一个非常浪漫的开始。于是,我就经常逃学,去找已经辍学在家的小铭玩儿。

小铭的家里很穷,他和爷爷相依为命。据说因为他爸爸和别人打架出了人命被判刑入狱之后,妈妈也离他而去,他只好和靠捡拾垃圾为生的爷爷一起生活。

因为我们同病相怜,似乎彼此找到了温暖。可是,就在我准备和小铭一起外出打工的时候,我吃惊地发现小铭竟然吸毒。那次我突然去他家,想给他一个小小的惊喜,没想到他却给我一个天大的惊吓。他痛苦地蜷缩在床上,正用针管在自己的胳膊上注射液体。

虽然我学习成绩很差,但我知道毒品的危害,思品老师在课堂上给我们播放过因为吸毒悔恨终生的人们的视频,触目惊心!可是,小铭竟然吸毒了,多么可怕的事情!

我立即惊慌失措地逃离了,但我不知道自己应该逃到哪里去,不知道自己的这个心事应该向谁诉说。爸爸除了有点儿粗心待我还行。在他那里有吃有住就足够了,我不想再为他增添烦恼。

终于有一天,我打听到了妈妈的手机号,就赶紧给她打电话。好长时间没见她了,我有点想念她,毕竟她是我的妈妈。电话接通后我很激动,忍不住说了一些有关小铭的事情。

妈妈听了,竟然大声地对我说:"一定记着,随便你怎样,只要别怀孕就好!"

这就是我的妈妈,这就是她对我的教育和引导啊!

话外音:悲哀

母爱是宇宙的第二个太阳,它照耀着第一个太阳力所不及的地方。对孩子来说,缺失了母爱,乃是一生最大的悲哀。所以,无论家长的个人生活怎样,都应该关注孩子的身心健康,绝对不能让孩子只通过在电影故事里寻找别人的失败,来安慰自己超载的悲哀。

冷战不如解体

阎琪馨,女,13岁,水瓶座,客观冷静,善于思考,创造力、价值观很强,有信念、有信仰,有时令人难以捉摸。最喜欢的格言:飞蛾扑火,在浪漫主义者看来是美和勇气,在现实主义者看来是蠢和自杀。生活感悟:放下不等于放弃,固执也不等于坚持。

虽然我生活在一个双亲家庭,但却有极其不和谐的家庭环境。父母无休无止的争吵,接二连三的冷战,我感觉自己的心理越来越不健康,我甚至盼望爸爸妈妈的婚姻快点结束。

妈妈堪称女强人,她现在经营着一家床上用品网店,赚钱比较多。爸爸的单位破产以后,就没有找到固定的工作,只好委曲求全成了妈妈的保姆,买菜、做饭、收拾屋子,自然都成了爸爸的义务。

如果妈妈愿意,我感觉其实这样也不错。家里的一切都由爸爸操持,包括对我的照顾,妈妈只专心经营生意就可以了。

但是,事实并非如此,随着妈妈的网店生意越来越红火,妈妈的收入越来越高,她对爸爸的态度却越来越差。我开始怀疑,妈妈也许根本就没有真正爱过爸爸,因为无论爸爸多么辛苦,她似乎都不领情,只有当她心情超好的时候,才难得一见地对爸爸面露笑容。

遗憾的是,我发现妈妈在家里几乎没有心情好的时候,仿佛全世界的人都得罪了她似的。我也不敢轻易和她说话,因为只要我有什么地方让她不如意、不开心,她就会对爸爸吼道:"你赶紧带着你闺女走,以后我们各过各的日子……"然后就回到她自己的房间,闭门不出。仿佛我就是她不开心的导火索,是她和爸爸战斗的武器。

记忆中爸爸妈妈很早就分房睡了,开始的时候我还以为这是健康的休息方式,反正我们家房子大、房间多。但是,后来我才渐渐明白,其实,妈妈已经有了自己爱的男人,只是人家是有妇之夫没有离婚而已。这是有一天我躲在房间里没出来而妈妈以为我和爸爸出门去了,在客厅里肆无忌惮地和那个男人打电话的时候被我听到的秘密。

偷听到妈妈的电话以后,我心里惊慌了好一阵子,但我没有勇气告诉爸爸。也许他还不知道,我不想让他受到伤害,我更加可怜爸爸了。我终于明白,为什么吃饭的时候,妈妈经常拿着饭碗夹上菜离开饭桌坐到别的地方去吃,而爸爸总是默不作声却一脸无奈。妈妈经常很晚才回家,回到家也是一言不发匆匆洗刷就回房睡觉;即便是重大节日,亲朋好友一起聚会的时候,妈妈也是急急忙忙吃上几口,然后就匆匆离开。别人都以为她只是工作忙碌,其实我知道,她只是不愿意和别人尤其是爸爸那边的亲戚们多交流什么。有时候妈妈没有提前离开饭店,我们一家人走在街上的时候,她也总是一个人走在最前面或者一个人落在最后面,从不和我们并肩而行。

我不知道爸爸为什么不和妈妈离婚,成全妈妈去寻找与她相爱的男人。也许爸爸深深地爱着妈妈,才这样宁愿忍受痛苦也不轻易放手吧。夜深人静的时候,偶尔听见客厅里爸爸接二连三的叹息声,我就经常这样想。

妈妈的脾气越来越怪,在家的时候越来越少,即使在家里也是莫名其妙地连连叹气。家里的气氛仿佛结了厚厚的冰层,身在冰层的我倍觉孤单和寒冷。

你走你的红地毯,我过我的斑马线。要不是为了爸爸,我很想逃离这个没有温暖的家。我没法想象妈妈的痛苦,也无法理解爸爸的无奈。但我感觉,这样冷如冰窖的双亲家庭,还真不如早点解体了好。

话外音:解脱

生活是一场漫长的旅行,不必浪费时间去等待那些不愿与你携手同行的人。握不住的沙,干脆扬了它。当执著成为负累,放手就是解脱。有时候,一个家庭的解体,对当事人来说都是解脱,虽然这种解脱要以牺牲孩子的利益为代价。但是,当家长的行为已经深深地伤害到孩子的时候,就应该慎重考虑是维持还是解体了。

我是小丑路过人间

余祖巍,男,14岁,摩羯座,比较内向,孤独消极,没有安全感,也欠缺幽默感,有时会装出高高在上或是严厉的姿态以掩饰自己内在的脆弱。最喜欢的网络流行语:发呆是一种艺术,孤独是一种态度。生活感悟:难过时吃一粒糖,告诉自己生活是甜的。

记忆中,只要爸爸妈妈见了面,说不了几句话就开始吵架。我都不明白他们俩为什么还要结婚,还要急着把我生下来,生下我之后却不肯给我一个安全温馨的家。

没有人关注我的一切,除了奶奶按时给我做饭。我根本就没有心思在学校里学习,而且经常跑到黑网吧去上网聊天,所以我的学习成绩一直在班级里名列班尾;我也不喜欢和其他同学交往,除了几个早已在家修炼的师哥,在学校里我几乎是独来独往,我不愿意让班里的同学了解到我家的糟糕情况。如果哪位同学不小心冒犯了我,对不起,无论男生女生,我都是用拳头解决问题。所以,七年级结束时,与时俱进的班主任给我写的评语是:该生学习成绩稳定,动手能力极强。

尽管我每天吊儿郎当,但我依然满心期待:随着爸爸妈妈年龄的增长,他们之间的矛盾冲突会渐渐减少。可是,事与愿违的是,他们俩不但没有努力减少矛盾,而且战事不断升级。

有一天夜里,我被他们的争吵声惊醒,我赶紧下床查看,睡眼蒙眬地发现,妈妈的胳膊上有一道长长的血痕,而且爸爸手拿水果刀,口口声声要让我妈妈毁容。

我吓坏了,不顾一切就扑过去护住妈妈,无论爸爸怎么喊叫我都不肯放手。爸爸见我受到惊吓的样子,就扔下水果刀摔门而去。

第二天,妈妈把我送到奶奶家。虽然奶奶劝说妈妈为了孩子不能轻易离婚,但是妈妈一声不响就离开了。后来,奶奶忍不住告诉我,是妈妈有了外遇想离婚但爸爸不肯,所以他们就整天争吵。

第五章　单亲是解不开的小疙瘩

大约过了将近两个星期,爸爸才到奶奶家把我接回去。临走的时候,奶奶反复叮嘱爸爸,说为了孩子千万不能离婚。

爸爸狠狠地说:"想跟我离婚?做梦去吧,这辈子我拖都要拖死她!等她人老珠黄没人要了,我再跟她离婚也不迟!"

奶奶不放心地说:"我看他妈妈态度坚决,你对她好点,也许她就不和你离了。毕竟,都快四十的人了。"

爸爸哼了一声说:"她敢跟我离我就杀了她,大不了杀人偿命!"

奶奶臭骂了爸爸几句,然后说:"你们俩都死了,孩子怎么办?"

爸爸轻描淡写地说:"你给养着吧,如果你养不了就送孤儿院。"

奶奶叹一口气,摇摇头说:"你自己生的孩子,你都不肯承担责任,你还能指望谁?我还指望着你给我养老送终呢。"

爸爸不说话了,抽着闷烟把我接回了家。我以为经过这一次吵闹,爸爸和妈妈应该反思一下,可能会有所好转吧。但是,我错了,我无奈地发现,妈妈依然夜不归宿,爸爸依然脾气火暴,只要他俩一见面,依然剑拔弩张。以后又吵闹几次,争吵的焦点是:谁要孩子、房子归谁。最终,妈妈放弃了除我而外的一切,爸爸也就同意离婚了。

很快妈妈又结婚了,我不知道这个后爸是不是导致爸爸妈妈离婚的那个第三者,我潜意识里对他极度排斥。但我发现他对妈妈很温柔很体贴,对我也不错,妈妈整天喜笑颜开。

爸爸经常打电话给我,一遍一遍告诉我说,他之所以同意让我跟着妈妈,是不想让妈妈再生孩子。还说他也会尽快给我找一个后妈,行不行由我说了算。

现在,我对任何事情都没有任何想法,眼看就初中毕业了,对于前途我一片渺茫。过一天算一天吧。我曾经分别对爸爸和妈妈说,你们就当我是小丑路过人间吧,因为只是路过,不需说再见,遗忘就是我们给彼此最好的纪念。哪一天我觉得活腻了,说不定就找个地方自我了断,结束我的如同狗血一般的人生。

听罢这话,爸爸妈妈的眼里充满惊恐。

话外音:面对

不是每件事面对了就能改变,但如果不去面对,那就什么都改变不了。人只有经历过炼狱般的磨难,才能感觉到活在人间的每天都像是在天堂。面对磨难,最好的办法就是学会面对。

我的很酷很 MAN 的"娘"

潘秀春,女,13岁,白羊座,性格外向,喜欢运动,好奇心强,有耐心。最喜欢的网络流行语:乐观豁达的人,能让平凡变得多彩,能让沉重变得轻松,能让苦难变得珍贵,能让繁琐变得简单。生活感悟:待人要平和而有原则,待事要明确而又果断。

我眼里的爸爸很酷,很 MAN,但我有时更喜欢叫他"娘"。

说来话长。据说在我四五岁的时候,爸爸妈妈就离婚了。原因是刚从农村来到城市,爸爸挣钱不多,租住的平房很小,妈妈进城开了眼界之后,就跟一位住着楼房、开着三轮车卖猪头肉的老板跑了。

从此,爸爸一身兼两职:又当爸又当妈,艰难状况可想而知。有人说没妈的孩子像根草,我觉得那是因为他的爸爸不怎么样。因为我的记忆中根本就没有多少痛苦和烦恼。爸爸很爱干净也非常细心,对我呵护备至。他不但会给我梳辫子,还会织毛衣,所以,从小学到初中,我每天都是干干净净、整整齐齐地出现在教室里。

以前爸爸不太会做饭,但是他努力学习,不厌其烦地实验,做菜水平逐步提高。尽管他只是一个小区物业公司的门卫兼花草修理工,工资不是很多,但我们爷俩过得不错。虽然物质上不是很富裕,但精神上丝毫不贫困。爸爸经常把小区业主订阅的报刊杂志快速看完,然后回家就给我讲各种各样的精彩故事和知识。虽然他没有钱给我买很多很多书籍,但他用嘴巴所传递给我的知识和乐趣,无与伦比。

不过,有时候没有妈妈也会有点不方便。比如第一次出现月经,我都不知道怎么办,也不好意思告诉爸爸。幸亏我有同学早已经历此事,给我传递经验,再加上我看了很多生理卫生书,所以,短时间的惊慌失措之后,问题迎刃而解。

我本来不好意思告诉爸爸这件事情的,但他似乎已有察觉。每一次带我去超市,他都记得走到女士卫生用品专柜前,提醒我买好自己的日常用品。不仅如此,每当我生理周期出现,爸爸就会特意煲红枣汤给我喝。喝上热乎乎的红枣汤,肚子又凉又疼的感觉很快就会消失,我的心里也会异常感动。

有时候我真想找到那个生我的女人,问问她,就凭我爸爸这样一个体贴细心的好男人,哪一点儿比不上那个卖猪头肉的呢?但是,也仅是想想而已。毫无疑问的是,妈妈离开爸爸以后,立即过上了衣食无忧的生活。因为曾经有一次,那也是我唯一一次见到妈妈,我和爸爸骑自行车去某超市,远远看见从一辆面包车上走下来一个描眉画眼的女人,浑身的金银首饰,还领着一个小男孩。

"她就是你的妈妈。"看着那女人一扭一扭地进了超市的大门,爸爸像是自言自语。我一点也没有冲上前去拥抱妈妈的冲动,她既然狠心抛弃了我们,已经幸福稳定的我又何必惊扰到她?

爸爸一直没有再婚,其实可能他仍然忘不了妈妈。因为他俩是青梅竹马,两小无猜地一起长大,然后初中同学、高中同桌,可谓感情深厚。但有一点绝对不容怀疑:那就是因为我。他几乎没有在我面前说过妈妈的任何坏话,为了给我一个完整的家,他可能还期待着妈妈有一天会回心转意吧。

爸爸非常幽默,这是整个小区里的人的共识。邻居们都很喜欢勤劳憨厚的我的爸爸。我现在就读的这所学校,就是一位小区业主自告奋勇帮爸爸联系的。这所学校口碑很好,但不是谁都能进来的。我的同学们也都很喜欢我爸爸。爸爸和我的几位男同学更像朋友一样,整天打打闹闹,挤在我们并不宽敞的出租房里,享受着爸爸做的饭菜,一起看体育比赛,一起讨论电视剧……

他们羡慕我有一个很酷、很 MAN 的"娘"!我当然也感到很开心。据说我是为数不多的生活在单亲家庭的幸福女孩。

老"娘",你的前半生我无法参与,你的后半生我奉陪到底。

话外音:宽恕

宽恕并不是忘记,而是放过自己。人总要吃东西才会长大,有些人吃的是饭,有些人吃的是亏。能把吃亏带来的苦难,当做是上苍给自己补充能量的甜点,并欣然笑纳,这是一个乐观爸爸用行动说给孩子的最好的心里话。家长的乐观宽容像春天的阳光,照耀孩子的同时也温暖了自己。

雨一直下

郑小雪,女,14岁,射手座,崇尚自由,不肯妥协,喜欢无拘无束的感觉,是典型的享乐主义者。有主见,凡事不依赖别人。最喜欢的格言:路的尽头,仍然是路,只要你愿意去。生活感悟:乐观者在灾祸中看到机会;悲观者在机会中看到灾祸。

我生活在单亲家庭。在我几岁的时候,妈妈就因病去世了。奶奶说是因为我的缘故,爸爸虽然还年轻,但一直没有再婚。爸爸整天忙忙碌碌的,我俩相依为命。

按照习惯,每一个周五的晚上,如果没有特别的事情,我们就到爷爷奶奶家吃晚饭。爷爷奶奶将近四十岁的时候才生了我爸爸,而且只有他这一个孩子,所以我感觉爸爸肩上的责任很重大,要照顾年迈的父母,还要抚养年少的我。

我刚上八年级的那个秋天,有一个周五,我和爸爸去爷爷奶奶家吃晚饭。到了那里才知道,在这之前,爷爷不小心跌倒后扭了脚腕。爸爸很着急,连忙打车带爷爷去医院做了检查,确定没有伤到要害之后,就把爷爷送了回来。然后又骑摩托车出去买了云南白药喷雾剂和治跌打损伤的膏药回来,给爷爷喷在脚腕上,又帮着奶奶做饭去了。

等我们吃完饭后,时间已经很晚了。奶奶建议我们就在她家住下,明天再回。我说不行,因为我和小学时最要好的同学约好了,今天晚上在网上见面聊天,所以就催着爸爸快点走。

可是,爸爸坐在爷爷的身边,一直陪着爷爷说话,丝毫没有想走的意思。

这时候,忽然刮起了大风,好像已经有雨点打在了玻璃窗上。眼看就要下雨了,如果再不赶快回家,今天晚上就只能住在奶奶家了。奶奶家没有电脑,我上不了网,我和同学的约定就成了泡影儿。

"爸爸,咱们快走吧,要下雨了!"我几乎冲爸爸吼了起来。

爸爸看看爷爷不舍的表情,就对我说:"再等一会儿。"然后就继续和爷爷说话。

我生气地说:"你不走我自己走了!"说完就抓起书包冲出了大门,任凭奶奶在身后大声地喊我,我执拗地疾步往前走,不肯回头。

大概是考虑到我的安全吧,不一会儿,爸爸就急急忙忙地追了上来,要我坐他的摩托车。那天也不知道怎么了,我还在生气呢,自己大步走着,并不理他。

僵持中,雨开始下了起来。哗哗地,就如同好久没有大哭的人又遇到伤心事了似的。因为走得匆忙,我和爸爸都没有从奶奶家带雨具,只好任凭雨水的浇灌。爸爸忽然停下,脱下自己的外套,并飞速地把外套披在我的身上,说:"别感冒了!"

我的眼泪几乎就要流出来了,不再坚持自己走,乖乖地坐上爸爸的摩托车,紧紧地偎依着爸爸坚强的后背。

雨一直在下,爸爸淋在雨中,我披着爸爸的衣服,坐在爸爸的身后。我的眼泪开始随着大雨倾盆而出。我很后悔,仅仅为了要和同学聊天,就非要冒雨回家。今天真的极其不懂事!爸爸是个很孝顺父母的人,爷爷受伤了,爸爸当然要照顾他,可是我偏偏不理解爸爸的心情。我真的好后悔!

雨一直在下,我忽然想起妈妈。虽然对我而言妈妈只是个模糊的影子,仅是一个亲切的称呼,但是我深信她去世的时候一定舍不得我,舍不得爸爸。爸爸一定很爱她,因为他很爱相貌神似妈妈的我。

我必须替妈妈好好疼爱这个为我几乎牺牲了一切的人,我想。

话外音:感恩

> 如果不善于发现阳光面,就会放大别人的幸福,缩小自己的快乐。缺少母爱的孩子,因为有了父亲给予的幸福,终于找了属于自己的快乐。父爱像茶,平淡而亲切,让孩子在不知不觉中品咂出人生的醇香。万爱千恩百苦,疼我孰知父母?鱼知水恩,乃幸福之源。孩子懂得父亲的用心付出,一定会且行且珍惜。

靠男人不如靠祖坟

夏嘉茵,女,13岁,水瓶座,感情丰富,看待事物较客观,有时也会多愁善感。最喜欢的流行语:永远不要以为我们可以逃避,我们的每一步都决定着最后的结局,我们的脚步正在走向我们自己选定的终点。生活感悟:自己不勇敢,没人替你坚强。

那天,班主任找我,她短短的几句话,却使得我顿时泪如雨下。

她说:"就要中考了,要适当释放自己的压力。别看你整天像一辆装甲车似的,外表看起来非常坚强,其实内心更容易受伤。别把委屈憋在心里,该发泄时就发泄,该倾诉时就倾诉。"

的确,表面上看,我貌似比饱受双亲疼爱的同班同学坚强若干倍,其实不然,我的渴望和彷徨,无法言表,无人知晓。

我的坚强,好像从小就开始得到了培养。

上小学四年级的时候,爸爸找到了"真正的爱情",于是,爸爸妈妈之间的争吵就拉开了序幕。他俩每隔几天就吵架,摔东西,家里的电器完好无几。妈妈曾经割腕自杀,但也阻挡不了爸爸离家的脚步。最后,根据协议书,爸爸净身出户,我们的家彻底解散。

我就是从爸爸不回家开始学着坚强的。那时爸爸的心已经不在家里,妈妈只知道伤心地哭。每天回到家里,看到妈妈哀伤绝望的眼神,为了我却不得不强装笑颜的脸,我就决心,所有事情尽量不让妈妈操心,一定像个大人那样,陪在妈妈的身边,安慰好、照顾她。

所以,我从不在包括姥姥在内的家里人面前展示悲伤。小姨还曾经以为我性格怪异,冷漠无情。其实,她哪里知道,看其他同学的爸爸妈妈相亲相爱的样子,我多么希望回到家里,也能看到爸爸妈妈和睦的画面。但是,爸爸已经离家走了,那个画面的出现,对我而言,也只是个渴求而已。回到家看到的,只是妈妈孤零零一个人默默流泪的背影。

妈妈哭了,我就不能悲伤。

我一直在想,妈妈温柔善良,模样漂亮,几乎对爸爸百依百顺,为什么和爸爸结婚十几年的感情,却比不上爸爸和那个"小三"因为工作的几次接触呢?

后来,看的故事多了,我也就慢慢地明白:爸爸的工作单位美女如云。我的急于面世,使得毫无心里准备的爸爸妈妈措手不及。无人帮助,无钱请保姆,妈妈只好辞职。以后,几乎所有的事情全都由爸爸一个人做主,哪怕是妈妈的鞋子,也是由爸爸买了她才穿,即便是没有了生活用品,妈妈也没法去买,因为要照顾我,也因为爸爸不给她足够的钱。

爸爸不给妈妈足够的钱,我原以为可能是爸爸挣钱很少应酬很多的原因,但是后来发现爸爸扩大了公司之后仍然如此。妈妈从来没有像有的老板娘那样,整天吃喝玩乐、坐享其成。妈妈过着拮据的日子,还不好意思告诉别人,只好闷在家里不出门,也不和自己的同学联系,害怕人家看出实情让她尴尬。

爸爸执意离婚以后,妈妈决定出去工作。虽然她年龄已大,对所从事的职业也比较生疏,但她找到工作后,每天都匆匆忙忙的似乎很充实。我开始见到妈妈脸上早已久违的笑容。

在我印象中,爸爸应该属于老实稳重的男人,但就是这样的男人,温柔善良的妈妈竟然留不住,想依靠他过日子却遭到他的抛弃。可见,依靠男人不是正确的选择,所以我从小也暗暗发誓,我是我自己的依靠,幸福必须是自己给自己的礼物,任何人不得僭越。

正如某人所言:靠男人,还不如靠祖坟呢!

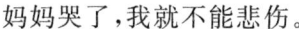

话外音:自立

只要心中装着春天,心里总会充满希望;只要心中装着太阳,心里就会有光明的方向。妈妈的不幸遭遇,恰恰给了孩子最明确的教育:依赖别人不如相信自己,期待奇迹不如静心做事。要拥有属于自己的太阳,无论何时何地,自立自强才是硬道理。

向幸福的方向飞翔

钟清艺,女,12岁,水瓶座,善解人意,率真负责,凡事讲求规则及合理性,是个自我要求完美的人。最喜欢的网络流行语:珍惜幸福但不要沉醉于幸福;承受痛苦但不要死缠着痛苦。生活感悟:快乐的人不是没有痛苦,而是不被痛苦所左右。

有很多人认为,单亲家庭长大的孩子,都敏感、内向,都仿佛长了一颗玻璃心,简直脆弱得要死。

以前的我可能也是这样的。记得大概上小学四年级的时候,有一次和同桌闹矛盾,她理屈词穷的时候,脱口而出一句话:"怪不得你爸爸不要你了!"当时我就忍不住哭了,而且一直哭着回家。

同桌也许是出于赌气的一句话,却深深地伤害到了我。爸爸和妈妈离婚了,这是事实。但怎么就变成了"爸爸不要我了"呢?是不是爸爸的离家,说明我和妈妈都不好啊?我甚至开始埋怨爸爸"你为什么不要我了"。

再后来,我和一个朋友聊天,我知道她有和睦的父母,而她还不知道我是单亲家庭的孩子,所以就故意想问问她对单亲家庭孩子的看法。没想到心直口快的她说:"我妈妈不让我和单亲家庭的小孩儿一起玩,妈妈说单亲小孩自私、孤僻、没家教!"

听了这话我特别难过。其实单亲家庭的小孩很可怜,因为父母不再生活在一起了,就算是双方各自加倍疼爱他,也弥补不了他心头深深的伤痕,为什么还要忍受别人的歧视?我的爸爸妈妈离婚了,但是当老师的妈妈对我管教特别严格,我也是别人眼中不折不扣的乖乖女。我孝敬老人,学习认真,成绩优异,还多才多艺,为什么只是因为单亲家庭就会让人远离?

不过,随着年龄的增长,我终于默认了这一现实。不是不愿意让别人看到我的脆弱,而是真的懂得并看开了一些。正如妈妈所言,每个人都会有自己的经历和选择,其他人哪怕是至亲也无权干涉。爸爸妈妈性格不合,无法继续生活在一起,这是我无法改变的事实。每个人都会有自己的酸甜苦辣,别人没有办法代替他去品尝。我对父母的生活不能妄加评论和干涉,我做好自己的事情,对自己负责,不让他们再为我伤脑筋就可以了。

所以,当我慢慢明白这些道理之后,我忽然觉得父母的离婚,反而让我拥有了一颗强大的心,帮助我克服各种困难,直至最终大获全胜。

然而有一天,我看到网上在谈论同性恋,其中有一个人说了这样一个故事:她的好朋友从小就饱受父母离异之苦,结婚后在孩子一岁多的时候又因为丈夫婚外情而痛苦离异成了单亲妈妈。可能是一直缺少父爱和男人管教的原因,现在男孩快五岁了,只喜欢和男人玩。她竟然说自己已经做好了儿子长大后是同性恋的心理准备。

看了这个故事,我却忽然有一个石破天惊的发现:我也只喜欢和同性朋友玩,我也对异性同学有着极大的排斥心理。

爸爸妈妈离婚以后,爸爸就出国了,从此再也没有见过面,他也从来不给我打电话。因为妈妈工作很忙,我大部分时间是和姥姥在一起的。姥爷很早就去世了,姥姥家里几乎从来没有出现过男人。从幼儿园到小学,教我的老师也都是女的,而我除了迫不得已,几乎从来不和班里的男生交往。现在,我和妈妈同住,一旦家里来了妈妈的男同事,我就感觉特别不自在和不能忍受……

我这是怎么啦!难道我也会是同性恋吗?我胆战心惊地把我的疑惑告诉了妈妈。妈妈笑了笑,说:"不必惊慌,无论怎样,你都是我的女儿。从今以后,你可以尝试着改变自己,多和男生接触接触,看看自己是不是对男生还是极度排斥。妈妈一定会帮助你的。"

看看妈妈信任的目光,我感觉自己的心豁然明亮。我已经能够从容面对爸爸妈妈的离婚,无论以后怎样,我要朝着幸福的方向飞翔!

话外音:态度

逆风的方向,更适合飞翔。为自己的烦恼和忧伤垫底的,从来不是别人的不幸和痛苦,而是自己的态度。面对生活中出现的诸多事情,单亲家长更要及时引导和帮助孩子明确方向,决不能放任孩子成为河中的一棵小草,在障碍面前不会行走,而是随波逐流。

不能做的傻事

汪笑勤，男，13岁，双鱼座，善良，忧郁，爱幻想，有时不切实际。最喜欢的格言：除了你自己，没有任何人可以让你贬值；你可以选择不过分努力，但也请不要轻言放弃。生活感悟：不要光顾着看别人，走错了自己脚下的路。

我决定离家出走，有这样的想法已经很久很久了。

父母离婚以后，我和妈妈一起生活。妈妈在一个家政公司工作，收入非常不稳定。而且最近一年里，爸爸的单位效益很不好，他的新老婆非常霸道，没有办法吧，爸爸就不再按时给妈妈抚养费。

妈妈为了这件事曾经跟爸爸吵了很多次，有时甚至闹到居委会，但并不见效。尤其是最近，妈妈的脾气变得喜怒无常，动辄就对我破口大骂，真让人受不了。

在家里感受不到丝毫的温暖，在学校里我也是备受折磨。有天下午，明明是另一个同学故意绊倒了班长，他却一口咬定是我干的。班主任不调查清楚就呵斥我，还让妈妈到学校一趟。我感到很伤心，却有理难辩。还不都是因为我学习成绩很差的原因吗？在学校里被人瞧不起，在家里又感受不到温暖，干脆离家出走算了。

下午放学回家的路上，我把自己的想法告诉了另一个班的赵子明，没想到我俩一拍即合，他也正因为完不成作业受到老师的批评而苦闷呢。我们商量了一下，一致决定离家出走。

回到家里，我假装认真写完作业，又抢着帮妈妈刷了碗。妈妈看到我忽然懂事的样子，竟然露出了难得一见的笑容。

第二天早上，我说学校要交书本费，妈妈也没仔细询问就给了我200元钱。掩饰着内心的惊慌和不安，匆匆吃完早饭，我就背着书包出了家门。在约定的地方见到赵子明，还好，他也顺利地拿到了200元钱。于是，按照事先商量的方案，我们打车来到了长途汽车站，坐上了前往蓬莱的汽车。

看着汽车徐徐开动起来，很快就驶出了市区，不久又驶向高速公路，我和赵子明都有一些激动。我似乎还有一些莫名其妙的就像小鸟离开牢笼一样的快乐。不用上学了,不用挨老师的批评和同学的嘲笑了,也不用再感受没有爸爸的苦恼了……

我和赵子明不时地会心一笑,看得出他眼里有明显的不安和恐惧。但是,我们一定要离开这个没有快乐的城市,或许在陌生的城市里,我们可以找到适合我们的工作呢。

大约不到三个小时吧,我们就来到了目的地。下了汽车的一刹那,我心里忽然产生一丝惊恐,我们不会被坏人利用吧。早在八年级上学期的时候,思品老师就曾经给我们讲过,一个初中女生和父母闹矛盾之后,就离家出走去见网友,结果被网友逼迫去了地下歌厅,身体受到了极大伤害,好像家长找到她的时候,她已经精神失常了。老师还说,有些离家出走的人,因为生活无依无靠,到处流浪时被坏人控制,就开始偷盗、抢劫,走向违法犯罪的道路……我不敢再想下去了,我是男孩,我手里有钱。我长舒一口气来安慰自己。

我们在汽车站附近找了一家便宜的旅馆住了下来。我俩躺在狭窄潮湿的房间里互相打气,明天就去找工作,然后靠打工维持生活。

"你说老师会找我们吗?"晚上,赵子明望着天花板问我。

"也许吧!"我也望着天花板说,"班主任一定在找我了,她一定会打电话找我妈妈,我妈妈一定会恐慌不已。"说到这里,我俩都没有继续说话,我仿佛听见妈妈正歇斯底里地喊叫我的名字。

就在我俩都沉默不语的时候,两个警察从天而降。他们一脸严肃地出现在旅馆的房间里,我和赵子明惊慌失措。好在警察叔叔看我俩还算诚实,交代了自己的真实姓名,就变得和蔼起来。他们批评开导了我们一个多小时之后,我俩终于认识到了自己的错误,并乖乖地答应明天就踏上了回家的汽车。

原来,早上第一节课班主任发现我没去学校以后,就马上拨通了妈妈的电话,并建议她马上查找我的下落。班主任询问了我的同桌,我妈妈报了警。于是,我们很快就被找着了。

话外音:逃避

每个人都是自己命运的建筑师,要善于将困苦和挫折当做成长的基石,而不是选择逃避。如果没有家长的帮助和疏导,面对来自学校和家庭的双重困境时,孤立无助感特强的初中孩子极有可能选择用逃避的方式来解决问题。

因为坚持，前功尽弃

吕志威，男，13岁，双鱼座，敏感和善，多愁善感，情绪起伏大。最喜欢的格言：积极的人在每一次忧患中都看到一个机会，而消极的人则在每个机会中都看到某种忧虑。生活感悟：要想做生活的主人，就不能做欲望的奴隶。

爸爸妈妈离婚以后，我和爸爸一起生活。

虽然我没有像有些女孩子那样，因为失去妈妈而整天哭哭啼啼，但我也很不开心。原来始终保持的班级前三名的成绩记录，也似乎很有持续被改写的趋势。眼看着我的排名数字越来越大，一向以我为荣的班主任就找我谈话。他和我谈了很多，最后他说，是男子汉，就要拿得起、放得下。

我假装听懂了，因为我不想让寄予厚望的班主任为我担心。可是，一回到家里，看到妈妈走后凌乱的一切，我心里就会涌起莫名的伤感。目前情况下，唯一让我拿得起、放得下的，也只有筷子了。

星期五下午放学回家，我看见爸爸正躺在沙发上看电视，一脸疲惫的样子。

爸爸是一位公交车司机，每天工作很累。妈妈离开以后，别人下班回家就休息，他下班回家还得给我做饭，很辛苦。

"你现在饿不饿？"爸爸问我。

"我不饿。"我看看爸爸，不知道发生了什么事情。

"我今天很累了，如果你还不饿，我就先休息一会儿，然后再给你做饭。"爸爸有气无力地说。

于是，爸爸继续躺在沙发上休息，我则跑到房间里，打开电脑，开始按照我的同桌刚刚告诉我的方法玩游戏。

也不知道过了多长时间，我听见爸爸喊我吃饭。那时候，我刚刚找到一个小窍门，正玩得起劲儿，所以就头也不抬地说："等一会儿。"

又不知道过了多长时间，爸爸又喊我，我还是回答说："再等一会儿。"

就这样，爸爸喊了我无数遍之后，自己就开始吃饭了。等他吃完饭以后又叫我,我还是没有离开电脑的意思。

这下爸爸生气了,他三步并作两步奔过来,一看我正在玩游戏,霎时火冒三丈,一下就把电源插座拔了出来。

电脑屏幕黑了,我辛辛苦苦战斗了半天,才刚刚升了两级的游戏不得不结束了,前功尽弃!

情急之下,我竟然也火气冲天,开始和爸爸吵架。爸爸数落我的不懂事,不体谅他的辛苦;我就埋怨他粗俗鲁莽而把妈妈气跑了。我们俩都毫不示弱,一直吵来吵去,大概持续了十几分钟。最后,我连饭也没有吃,就回房间睡觉去了。

第二天醒来,肚子咕咕直叫。我感到非常内疚,不应该那样对待爸爸。首先我不应该玩游戏上瘾,这不应该是以前那个勤奋学习的我干的事情,即便是偶尔玩一玩游戏,爸爸开始叫我吃饭的时候,我也应该先把游戏暂停一下,等吃完饭以后再继续玩。再说,爸爸是为了我好,不辞辛苦做好了饭,喊我吃饭无数次,我不是在认真学习而是在玩游戏,怎能叫他不生气?爸爸工作很辛苦,还要照顾我,我却还那么不懂事,真的非常不应该。

我起床来到客厅,看见昨天的晚饭还摆在餐桌上。爸爸的房间里没有动静,看来他还在睡觉。

我决定先用微波炉把饭菜重新热好,给爸爸一个小小的惊喜。然后,等爸爸起床以后,我向爸爸道歉。

> **话外音:担当**
>
> 犯下的错误会积累,获得的成功会消失,这是俄罗斯方块所蕴涵的道理。疲惫不堪的家长虽然行为有点鲁莽,但终于让孩子感悟到:面对生活的选择,不能谈好坏,只有肯担当。对过去的错误最好的弥补,就是在未来做正确的事,孩子已经明白了这个道理。

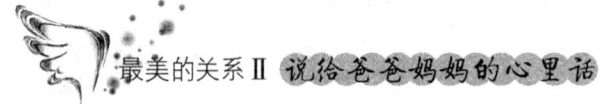

不要在心里留洞

何紫晴，女，14岁，天蝎座，个性好胜，非常有毅力，有强烈的责任感和支配欲。最喜欢的格言：人最难得到的是心灵自由，最容易失去的也是心灵自由。生活感悟：人生最大的悲哀，就是把别人的债务变成了自己的。

有一个故事，给我的印象非常深刻，是爸爸曾经告诉过我的。那个故事意思是说：伤害别人的事就像在木板上钉钉子，虽然钉子可以再拔出来，但拔出来之后依然会在板子上留下一个洞。

我发现，爸爸妈妈离婚以后，妈妈经常在我和姐姐的心上钉钉子。

比如期中考试前的周六，我和同学小倩约好到她家里一起复习功课。因为她的课本被别人借走了没来得及取回，于是，我就答应让她和我一起用我的课本。

但是，吃罢早饭和妈妈说了我的计划以后，妈妈却出乎意料地异常反对。她非常生气地说："你怎么那么傻啊！咱们家离着她的家那么远，你来回在路上的时间得做多少作业啊！她倒好了一点也不用耽误时间。再说了，谁知道你们在一起是不是真的学习？要是一起上网玩游戏怎么办？你还是老老实实在家待着吧。"

我一听就急了，赶紧争辩说："小倩妈妈生病了，需要随时照顾，她不能离开。再说，我已经答应了，怎么能说话不算话呢？"

"你怎么那么有爱心啊？"不知道为什么，妈妈的语气里竟然连讽带刺，"我为了你们，成天东奔西走，你怎么不知道心疼我、在家照顾我啊？你今天哪里也别去，就在家学习，顺便也帮我做点家务吧！"妈妈的语气不容质疑。

我简直有点傻眼了，我知道妈妈是一个非常要强的人，凡事都想比别人优越，看人家买了大房子买了小汽车，她就嫉妒的要命，就想尽一切办法超越人家。据说爸爸就是因为这些和她离婚的。离婚以后，妈妈越发变得飞扬跋扈，自己在单位一遇到不顺心的事情，就回家拿我和姐姐出气。我经常亲眼目睹妈妈对姐姐拳打脚踢的情景,那样子真可怕。要不是爸爸已经再婚有了别的女人,我真想离开妈妈而和爸爸一起生活。

不过,那天我的拗脾气也来了,我不再和妈妈理论,径直背起书包就往外走。

谁料,妈妈见我竟敢违背她的命令,疾步走过来拽住了我,并狠狠地打了我两巴掌。

妈妈的两巴掌,狠狠地打在我的心上。就因为这样一件事情,妈妈竟然狠心打我,就像过去她动辄就打姐姐一样。真不知道妈妈是怎么想的,是不是真的已经进入更年期,或者是神经出了问题。现在,哪个妈妈还会因为这样的事情而暴打自己的孩子呢?我真的很不理解。要是姐姐在家就好了,当着已经上高中的姐姐的面,妈妈就不敢再轻易动手打我了。

姐姐从小挨妈妈的打长大,所以,她现在对人对事那么冷漠,除了学习成绩突出,姐姐几乎没有任何朋友,整天独来独往,来去匆匆。她一心想考外地的大学,然后再考国外的研究生。她曾经告诉我,她要尽一切力量离得妈妈远远的。

现在,被妈妈打了两巴掌,我也萌生出离开妈妈的念头。虽然,我觉得妈妈也是一个很可怜的家伙。

迫不得已,我给小倩打电话作了解释,我没有具体明说原因。我不想和妈妈把关系弄得很僵,我的翅膀还没有像姐姐那样已经生成。但是,我真的很难受,因为妈妈的粗暴和自私。

不要再在我们的心里钉钉子了,妈妈!若干年以后,我们心里的洞会数不胜数。我都明白这个道理,难道作为大人的妈妈还不明白这一点吗?

话外音:伤痕

孩子的心灵就如同一个易碎的花瓶,一旦打碎将会留下永远无法弥合的伤痕。因为争强好胜而遭遇婚姻不幸,又把这些不幸迁怒于孩子身上,这样的家长带给孩子的,只能是越来越多的心灵伤痕。

不熟悉的存在

顾笑涵,女,13岁,天秤座,善良温和,富有同情心,理解能力强。最喜欢的网络流行语:当你学会抬头挺胸坚定地向前走,脚下的路就会变得平坦很多。生活感悟:貌虽美,若没有纯洁的心灵,就好像一张美丽的图画失去了颜色。

以前,爸爸就像生物课本上的稀有植物,我知道存在却不熟悉。

在我的记忆中,爸爸就像我家的客人,不经常出现,且来去匆匆。我的世界里似乎只有为我做饭的姥姥和整天到处奔波的妈妈。

妈妈是姥姥唯一的亲人。妈妈大学毕业后,在这座城市拥有了一份比较稳定的工作,就把姥姥接到家里来一起生活。

我原以为妈妈只是出于孝顺才让姥姥跟随着我们。渐渐长大以后我才懂得事情并非如此。因为,我吃惊地无奈地发现,我的世界里几乎不见爸爸的身影,这个发现曾经在我的内心里泛起轩然大波。我只知道爸爸妈妈是大学同学,我不知道为什么会出现这样的状况,也不知道爸爸为什么不像其他同学的爸爸那样,来接我上学,带我出去玩。

姥姥曾经告诉过我,爸爸妈妈大学毕业以后,一起来到了这座城市。妈妈有幸被一家事业单位选中,而爸爸却没有找到一个稳定的工作。开始的时候,在妈妈的支持下,爸爸还不停地积极到处寻找工作。但是后来,随着时间的一再推移,妈妈在单位里逐渐得到领导的器重,升职成为一个部门经理之后,爸爸就开始自惭形秽。可能也是深感不安吧,爸爸和妈妈吵架,以至于弄得妈妈在单位里满城风雨。妈妈的男同事们甚至也不敢和妈妈有过多的交流,生怕引起误会。

我的出生,也没有让爸爸妈妈的关系恢复到以前。反而,爸爸不但不主动帮助妈妈照料我、做家务,还整天以找工作为由,几乎不着家。其实,那些年里,因为高不成低不就,爸爸一直没有找到自己喜欢的工作,家里的开销全靠妈妈的收入维持。妈妈越是勤奋工作,爸爸就越是失意不已。妈妈没办法,就让姥姥来帮助她照顾我。尽管姥姥是一个非常朴实勤劳的人,但是,爸爸和她相处得也不好。

一天深夜,我被爸爸妈妈的吵架声惊醒,偷听到了他们的对话以后我才明白他们之间究竟产生了什么问题。

原来,爸爸和自己的朋友在外地开了一家公司,不但没有赚到钱,而且还欠了一屁股债。这样一来,爸爸的自尊心就更受打击了,所以脾气越来越差。

爸爸终于回到家里,依然无所事事。我几乎不和他交流。其实,我根本就不知道应该和爸爸说些什么。他的存在仿佛与我没什么关系。他也从来没有主动为我做过什么,哪怕给我买一支铅笔或者一本书。我猜想爸爸可能还不愿意扮演自己的角色。

我和爸爸之间,没有争吵,没有温情,只有客套。我看见妈妈用不宽恕的眼神对待爸爸的喜怒无常和桀骜不驯。我希望壮志难酬的爸爸能变得平静点,淡泊一些;我希望勤劳能干的妈妈能宽恕爸爸的不负责任,我希望他们之间不再有争吵。这样,我就拥有一个正常的、温暖的家,我希望我们一家人相亲相爱。

可是,我的希望和期待已经永远无法实现,因为妈妈被查出身患晚期肝癌。看到检查结果,妈妈精神崩溃,不久就离开了人世。

告别会上,透过蒙胧的泪眼,我看见爸爸斜背着腰包平静地收钱。他面容安详,仿佛去世的人与他无关。

我心黯然。那么陌生的一个人,怎么会是我的爸爸?妈妈劳累过度不治而亡,他负有不可推卸的责任。我觉得自己这辈子永远也不会原谅他。

话外音:原谅

善待一个人也许并不容易,但伤害一个人却轻而易举。壮志难酬又不负责任的男人,带给妻女的除了无尽的苦难,还有永远消除不了的悲哀。

网虫妈妈醒醒吧

曹可以,男,13岁,双子座,聪明,活跃,口才一流,胸怀大志。最喜欢电影《无间道》中的台词:未来掌握在自己手里,路怎么走,自己选。生活感悟:如果有本事找到逃避问题的办法,其实也就有本事找到解决问题的途径。

妈妈是一个网虫,她自己说的。

妈妈生了我之后就没有再出去工作。她嫌上班不自由,依仗爸爸的收入还算丰厚,姥姥的小卖铺还可以贴补,所以一直拒绝工作。爸爸对此也无可奈何。

我上小学以后,妈妈闲来没事就学会了上网玩游戏,什么斗地主、打麻将等,上瘾的时候一玩就是通宵。第二天,等我和爸爸起床之后她才上床睡大觉。开始的时候,妈妈还为我们做饭吃,可是她上网成瘾以后,根本就没有心思再给我们做饭了。爸爸为此和她吵过架,但是,作用不大。

最近,妈妈又迷恋上了网络视频聊天,而且拥有了很多网友。生活中妈妈不善于和人交往,有几个网友也不是坏事吧,我想。爸爸为此和她吵架的时候,我也这样劝说爸爸。

可是,妈妈却越来越过分了,只要能上网聊天,其他一切都不在乎,甚至连我的学习也无暇顾及了。典型的事例是:星期六的晚上,吃完饭后我准备上网查资料做作业,可是,妈妈早就已经占据电脑。

"妈妈,我要查找资料。"我非常不耐烦地说。

"等我和这个人聊完就给你。"妈妈竟然连头也不抬一下。

没办法,我回到自己的房间里,继续做其他作业。

然而,近一个小时过去了,妈妈还在聊,丝毫没有结束的意思。

"妈妈,该我用电脑了吧!"我没好气地看着她,生气地说,"哪个同学的妈妈像您似的啊,整天不工作,就知道上网聊天。"

妈妈听我这么说,就不高兴了:"我是你妈妈,我想干什么就干什么,你管不着。"她索性继续聊下去,不再理我。

我心里竟然产生了一丝厌恶的情绪。妈妈因为长期上网,作息不规律而且缺乏锻炼,浑身赘肉,身材走样,脸上也长了许多雀斑,头发乱糟糟的从不梳理。妈妈没有多少文化,现在又不顾及自己的形象,爸爸生气的时候就说她素质太低。我真的不知道妈妈是为了什么活着,大概也没有什么追求和理想,我真不希望自己有一个这样的妈妈。

妈妈年轻的时候不是这样的,爸爸曾经告诉我说。那时候,爸爸大学毕业来到这座城市,同在一个单位工作的姥姥就把爸爸变成了自己的女婿。当时,爸爸也考虑过妈妈的文化程度问题,但看到妈妈还算老实本分,觉得一起过日子应该没有问题。没想到,妈妈现在变成了这个样子。

我曾经让爸爸劝劝妈妈,让她有所改变。可是,爸爸说没有用,他对妈妈已经心灰意冷。爸爸索性开始不回家了,我以为他只是工作忙而已。后来,从妈妈和他的吵架中,我隐隐约约地懂得,爸爸在外面有了自己喜欢的女人。这也是妈妈开始沉迷网络的主要原因。

我不想失去爸爸,我不想爸爸和妈妈离婚。可是,我觉得,如果妈妈继续这样下去的话,爸爸会更加不喜欢她。如果妈妈也能有个工作,每天梳洗打扮一番再去上班,和别人多沟通、交流,也许不会出现这个样子。我曾经尝试着这样劝说妈妈,可是,她却以为我和爸爸是一伙的,是想把她赶出家门,所以就对我乱发脾气。她还说有姥姥的小卖部赚钱,能够养活她自己,不指望我孝顺她。她发誓坚决不和爸爸离婚,不能便宜了别人。

看到妈妈执迷不悟的样子,我很着急,但是也没有办法。如果她自己不觉悟,自己不为自己争取尊严,我又怎么能救得了她呢!

我多么希望妈妈能冷静下来,反思一下自己,然后走出阴霾,成为一个自立自强的人。这样,将来我离开家去上大学,我才放心她。毕竟,她是我的妈妈啊。

话外音:迷失

汽车的挡风玻璃是如此之大,后视镜却如此之小,就仿佛告诉人们:过去没有未来那么重要。没有受到良好的教育不是错,但不积极完善自己却沉迷网络,选择过脱离实际的生活,就该自食其果。这样迷失了方向的家长,连自己要的是什么都不知道,只能在空虚中度过,也会影响了孩子的健康成长。

后 记

　　这本书的出现,纯属偶然。

　　出版《最美的关系》的初衷,仅仅是为了实现一个还算美好的梦想。但在与出版社的编辑们交流、讨论书稿的时候,他们的话却使我如醍醐灌顶:近二十年一线教师的经历里,一定耳闻目睹了很多初中生的成长故事,为什么不用自己的笔把这些故事记录下来,给所有困惑于和孩子沟通的中年家长们看,从而担当起家长与青春期孩子沟通的桥梁呢？

　　听他们这么一说,当时我就感觉,这是一件比实现梦想更有意义的事。如果众多有烦恼的父母,因为读了这本书而打开了与孩子之间盘桓已久的心结,该是多么美好的事情。这一建议,让我感到了自己应该承担的另一个责任,也让我看到了实现梦想之外的另一片天空:让生活更有意义,让生命更有价值。

　　于是,在把《最美的关系》书稿交给出版社以后,在工作之余,我就开始忙活起来:问卷调查、阅读分析、总结归类等等,一个个虽然简单甚至三言两语但活生生的故事,丰富了我的思想的同时,也几乎让我持续热血沸腾。那段时间里,虽然工作任务繁重,家庭琐事较多,但是我却感觉内心极其淡定和安宁,似乎无暇顾及任何让人烦恼和不公平的事情,对传说中的各种狼嚎之音和鬼魅之姿,也都是一笑了之。我深深地感受到了"忙并快乐着"的美妙。

　　在定稿《最美的关系》时,有些叙述和表达我是肆意而为的,可能没怎么顾及文采或者结构,因为我任性地认为只是抒发自己的感慨而已,并不奢求让每一位读者都能认同、都能与我产生共鸣。

　　可是,在静心翻阅学生们三言两语简单叙述的经历的过程中,我却越来越觉得出版这本书的必要性,也越来越感觉到自己作为老师肩上的责任:对孩子来说,成长比成功更重要,情感的成长比知识的增长更重要。而有的父母只是把孩子当作学习的工具、知识的容器,极其不利于孩子的情感成长。要让孩子学会做负责任的公民,过积极健康的生活,离不开家长与孩子的用心交流和沟通。所以,我必须力求句句铿锵有力、字字掷地有声,我必须尽己所能代表孩子们完整清晰地表达出自己的心声,只有这样,当孩子们的父母读了这本书以后,才能有所感悟、有所收获,才能真正促进亲子关系的和谐。也只有这样,我才能不辜负学生们对我的信任、出版社对我的厚望。

是的,我们彼此信任——这是我必须力求完美的最大的动力。

虽然这本书的出现是一个意外,但我依然把它视为自己的孩子,虽然没有预期,我却倍加珍惜。因为我的能力所限,不能让它尽善尽美,可能会留下若干不足和遗憾,但我依然心怀期待。

本书的面世,得到了众多亲朋好友的鼓励和支持。感谢我的小弟鲁东道夫,在自己的新书刚刚在起点中文网首发、每天码字近万的情况下,还不遗余力试阅本书并提出意见和建议;感谢济南出版社的编辑们,你们精益求精的精神,深深地感染着我、感动着我,你们严格的把关是我追求尽善尽美的靠山;感谢所有用心阅读、宣传、推广《最美的关系》的朋友们,你们的认同和支持,为我增添了无法计数的为梦想生长的羽翼;感谢参与调查的学生和网友们,你们的坦诚表达,不仅为我提供了丰富的信息资料,也让我看到了真实的心灵之花……愿你们都能像我祈祷并期待的那样幸福安康!

特别感谢我的哥哥仪修奎。有你四十年如一日的呵护和支持,才有我心灵世界的丰富和所有文字的面世。虽然你在这个二月驾鹤远游去了天堂,但你的学识和思想早就赋予我一双隐形的翅膀。哥,你永远是我的眼睛,没有你的日子里,我会继续努力,像你希望的那样悠然前行。

最后,请允许我斗胆借用喜欢和钦佩的著名作家毕淑敏老师在《心灵密码》中的两句话,来表达我的心声:

"我们每一个存在都如此独特,又伤痕累累,我们必须给自己找安身立命的支点,接下去不慌不忙不糊涂不焦虑地从容安详飘然一生。"

"我有诺言,尚待实现。还要游泳百里,方可沉睡。"

仪修文

2013年初春